Deutsch in der Oberstufe 12

Bayern

TRAINING

- *Wiederholung: Basiskompetenzen*
- *Schulaufgaben und schriftliches Abitur*
- *Mündliches Abitur*

Herausgegeben von
Peter Kohrs

Erarbeitet von
Sönke Hoes
Peter Kohrs
Thomas Netenjakob
Margret Wallheinke

Schöningh

Bildquellenverzeichnis
AKG, Berlin: S. 11 (Viola Roehr-v. Alvensleben), S. 67; © Jürgen Bauer: S. 59; bpk, Berlin: S. 9; dpa - Elsner: S. 23; © Jochen Eckel: S. 17; Pepsch Gottscheber/CCC, www.c5.net: S. 81; © Koni Nordmann/ Agentur Focus: S. 61, S. 63; Nationalgalerie, Staatl. Museen Preußischer Kulturbesitz, Berlin, Foto: Jörg P. Anders: S. 70; Isolde Ohlbaum: S. 45; © picture-alliance: S. 44 (dpa), S. 69 (akg-images); Schiller Nationalmuseum/Deutsches Literaturarchiv, Marbach am Neckar; Offsetlitho von Horst Janssen 1967: S. 56

Wir arbeiten sehr sorgfältig daran, für alle verwendeten Abbildungen die Rechteinhaberinnen und Rechteinhaber zu ermitteln. Sollte uns dies im Einzelfall nicht vollständig gelungen sein, werden berechtigte Ansprüche selbstverständlich im Rahmen der üblichen Vereinbarungen abgegolten.

westermann GRUPPE

Die Lösungen zu den Übungen befinden sich in der separaten Beilage.

Druck A² / Jahr 2019
Alle Drucke der Serie A sind inhaltlich unverändert.

Umschlaggestaltung: Franz-Josef Domke, Hannover; unter Verwendung von Ute Grabowsky/photothek.net (v. l.), picture-alliance/MAXPP, Fotograf: Matthieu Spohn (v. r.), Gepp/vsl/mediacolors (h.)
Druck und Bindung: Westermann Druck GmbH, Braunschweig

ISBN 978-3-14-**028251**-2

Inhaltsverzeichnis

Training: Basiskompetenzen zur Analyse, Erschließung/Interpretation und zur Überarbeitung von Texten 5

- Gliederungssignale und Strukturwörter in einem Sachtext ermitteln und ihre Funktion bestimmen 5
  Paul Watzlawick u. a.: Symmetrische und komplementäre Kommunikation 5
- Einen Text beschreiben: Textbeobachtungen sammeln und ordnen; für die Deutung oder Analyse nutzen 7
  Franz Kafka: Der plötzliche Spaziergang (Parabel) 7
  Bertolt Brecht: Wenn die Haifische Menschen wären (Parabel) 10
  Rainer Maria Rilke: Herbst (Gedicht) 11
  Peter Härtling: Nein! (Rede) 11/23
- Einen Text kommentieren 12
  Hans Magnus Enzensberger: ins lesebuch für die oberstufe (Gedicht) 12
- Einen Interpretationsentwurf beurteilen und überarbeiten; die Kommasetzung trainieren 16
  Hans Magnus Enzensberger: konjunktur (Gedicht) 16

Training: Schulaufgaben und schriftliches Abitur 23

- Verfassen einer vergleichenden Analyse von Sachtexten 23
  Peter Härtling: Nein! (Rede, 1992) 23
  Bundeskanzlerin Angela Merkel: Statement nach dem Besuch der KZ-Gedenkstätte Buchenwald, zusammen mit dem amerikanischen Präsidenten Barack Obama (Rede, 5.6.2009) 25
- Verfassen eines Kommentars auf der Grundlage eines Sachtextes 36
  Cathrin Kahlweit: Wer im Computer lebt 37
  Clifford Stoll: Log out 39
  Rolf Dressler: Hohlwort „Medienkompetenz" 39
- Verfassen einer materialgestützten Erörterung 44
  Elke Heidenreich: Die Kunst zu lesen ... ein Stück Lebenskunst 44
  Aphorismen zum Thema *Lesen* 45
  Max Frisch: Tagebuch 45
- Interpretation eines epischen Textes 52
  Franz Kafka: Gib's auf! (Parabel) 52
  Nadja Einzmann: An einem Abend und fremd (Kurzgeschichte) 59
- Interpretation eines dramatischen Textes 61
  Urs Widmer: Top Dogs (Szene 2) 61
  Georg Büchner: Dantons Tod (2. Akt, 1. Szene) 67
- Vergleichende Interpretation zweier motivgleicher Gedichte 70
  Emil Nicolai: Straßenbild/Georg Heym: Die Stadt 70
  Christa Reinig: Robinson/Karl Krolow: Robinson I 78

Training: Mündliche Zusatzprüfung 79

- Analyse und Beurteilung eines Sachtextes mit Karikatur 79
  Alexander Remler: Ist Deutsch noch sexy? 79
- Interpretation eines poetischen Textes (mit Aufgabenschwerpunkt) 84
  Bertolt Brecht: Fragen eines lesenden Arbeiters (Gedicht) 84

Anhang 88

- Rhetorische Fachbegriffe und Figuren 88
- Fachbegriffe zur Erschließung und Interpretation poetischer Texte 89
- Fachbegriffe und Leitfragen zur Analyse von Sachtexten 92

Textquellenverzeichnis 94

Training:

Basiskompetenzen zur Analyse, Erschließung/ Interpretation und zur Überarbeitung von Texten

Gliederungssignale und Strukturwörter in einem Sachtext ermitteln und ihre Funktion bestimmen

Paul Watzlawick u. a.

Symmetrische und komplementäre Kommunikation

[Zwischenmenschliche Kommunikationsabläufe sind entweder symmetrisch oder komplementär, je nachdem, ob die Beziehung zwischen den Partnern auf Gleichheit oder Unterschiedlichkeit beruht.]

Im ersten Fall ist das Verhalten der beiden Partner sozusagen spiegelbildlich und ihre Interaktion[1] ist daher *symmetrisch*. Dabei ist es gleichgültig, worin dieses Verhalten im Einzelfall besteht, da die Partner sowohl in Stärke wie Schwäche, Härte wie Güte und jedem anderen Verhalten ebenbürtig sein können. Im zweiten Fall dagegen ergänzt das Verhalten des einen Partners das des anderen, wodurch sich eine grundsätzlich andere Art von verhaltensmäßiger Gestalt ergibt, die *komplementär* ist. Symmetrische Beziehungen zeichnen sich also durch Streben nach Gleichheit und Verminderung von Unterschieden zwischen den Partnern aus, während komplementäre Interaktionen auf sich gegenseitig ergänzenden Unterschiedlichkeiten basieren.

In der komplementären Beziehung gibt es zwei verschiedene Positionen. Ein Partner nimmt die sogenannte superiore[2], primäre Stellung ein, der andere die entsprechende inferiore[3], sekundäre. Diese Begriffe dürfen jedoch nicht mit „stark" und „schwach", „gut" und „schlecht" oder ähnlichen Gegensatzpaaren verquickt werden. Komplementäre Beziehungen beruhen auf gesellschaftlichen oder kulturellen Kontexten (wie z. B. im Fall von Mutter und Kind, Arzt und Patient, Lehrer und Schüler), oder sie können die idiosynkratische[4] Beziehungsform einer ganz bestimmten Dyas[5] sein. In beiden Fällen muss jedoch die ineinander

---

[1] Interaktion: Wechselbeziehung; [2] superior: übergeordnet; [3] inferior: untergeordnet; [4] idiosynkratisch: persönlich empfunden; [5] Dyas: Zweierbeziehung

verzahnte Natur der Beziehung hervorgehoben werden, wobei unterschiedliche, aber einander ergänzende Verhaltensweisen sich gegenseitig auslösen. Es ist nicht etwa so, dass ein Partner dem anderen eine komplementäre Beziehung aufzwingt; vielmehr verhalten sich beide in einer Weise, die das bestimmte Verhalten des anderen voraussetzt, es aber gleichzeitig auch bedingt. (1969)

1. Lesen Sie den Sachtext in gezielter Weise unter folgender Fragestellung: Was versteht Watzlawick unter symmetrischer und komplementärer Kommunikation? Beantworten Sie die Frage in stichwortartiger Form.

____

____

____

____

____

____

2. Markieren Sie im Text zunächst die Ausdrücke, die den Text deutlich gliedern. Unterstreichen Sie danach mindestens acht Konnektoren und benennen Sie deren Funktion. Beachten Sie dazu die Hinweise im Info-Kasten.

Information

Um **schwierige argumentative Sachtexte zu verstehen**, ist es wichtig, auf Signale zu achten, die den Text gliedern und strukturieren.

- **Gliederungssignale**, z. B.:
  - 1., 2., 3., ..., zuerst, danach, schließlich (Funktion: Hierarchie, Bedeutungsabfolge)
  - heute, später, seit 10 Jahren, seitdem, nach 1945 (zeitliche Abfolge, Chronologie)
  - außerdem, darüber hinaus (Erweiterungen)

Darüber hinaus ist auf Strukturwörter (Adverbien, Konjunktionen) zu achten, die Textteile miteinander verknüpfen und aufeinander beziehen.

- **Strukturwörter**, z. B.:
  - als, nachdem, während (Zeit)
  - weil, da, daher, deshalb (Begründung)
  - aber, jedoch, nicht nur ... sondern auch (Gegensatz)
  - allerdings, wenn auch (Einschränkung)
  - sodass, wodurch, also (Folge, Wirkung) – z. B., beispielsweise (Beispiel, Erläuterung)
  - entweder ... oder (Alternative)
  - einerseits ... andererseits, sowohl ... als auch, ebenso ... wie, ebenso ..., als wenn, genau so ... wie (Gegenüberstellung, Vergleich)
- Das Erkennen und Berücksichtigen von Gliederungssignalen und Strukturwörtern ist **für die Analyse und Interpretation von Texten** von Wichtigkeit. Ebenso wichtig ist es, diese Mittel auch **beim Verfassen von erörternden Texten** einzusetzen, um eine möglichst hohe Präzision und sprachliche Dichte des eigenen Textes zu bewirken.

3. Überprüfen Sie jetzt die in Aufgabe 1 oben gegebene Antwort auf Präzision und Genauigkeit. Ergänzen Sie gegebenenfalls.

____

____

____

____

____

Einen Text beschreiben: Textbeobachtungen sammeln und ordnen; für die Deutung oder Analyse nutzen

Information

Das **präzise Feststellen von Textmerkmalen** und das Ordnen dieser Beobachtungen ist eine **wichtige Voraussetzung für das Analysieren von Sachtexten bzw. für das Interpretieren von poetischen Texten**. Es ist wichtig, auf bestimmte Textelemente und Textmerkmale zu achten, die ein bestimmtes Verständnis des Textes nahelegen. Bei jedem Text sollte man zunächst fragen, ob einem irgendetwas **Besonderes** auffällt, z. B. eine Häufung bestimmter Bilder, ein überraschender Ausdruck, eine formale Besonderheit. Vor allem bei stark verschlüsselten Texten sollte man nüchtern an den Text herangehen und nicht „fantasieren".

Derartige Textmerkmale, auf die es zu achten gilt, sind u. a.:

- **Rhetorische Figuren** (Abweichungen von der lexikalischen Grundstruktur, s. auch Anhang, S. 88), z. B.:

Anapher	Inversion	Parallelismus
Antithese	Ironie	Reihung
Ellipse	Klimax	Rhetorische Frage
Hyperbel	Metapher	Vergleich

- **Poetische Textmerkmale**, z. B.:
  Versmaß/Metrum
  Reimtechnik
  Strophenform
- **Lexikalische Textmerkmale**, z. B.:
  Wortwahl
  Tempuswechsel
  Gebrauch des Konjunktivs
- **Stilistische Merkmale,** z. B.:
  Satzbau
  Wortfelder
  Schlüsselbegriffe
- **Sonstige Merkmale**, z. B.:
  von der Standardnorm abweichende oder fehlende Interpunktion
  abweichende Rechtschreibung
  Überschrift

Franz Kafka

Der plötzliche Spaziergang

Zeichnung von Franz Kafka

Wenn man sich am Abend endgültig entschlossen zu haben scheint, zu Hause zu bleiben, den Hausrock angezogen hat, nach dem Nachtmahl beim beleuchteten Tische sitzt und jene Arbeit oder jenes Spiel vorgenommen hat, nach dessen Beendigung man gewohnheitsgemäß schlafen geht, wenn draußen ein unfreundliches Wetter ist, welches das Zuhausebleiben selbstverständlich macht, wenn man jetzt auch schon so lange bei Tisch stillgehalten hat, dass das Weggehen allgemeines Erstaunen hervorrufen müsste, wenn nun auch schon das Treppenhaus dunkel und das Haustor gesperrt ist, und wenn man nun trotz alledem in einem plötzlichen Unbehagen aufsteht, den Rock wechselt, sofort straßenmäßig angezogen erscheint, weggehen zu müssen erklärt, es nach kurzem Abschied auch tut, je nach der Schnelligkeit, mit der man die Wohnungstür zuschlägt, mehr oder weniger Ärger zu hinterlassen glaubt, wenn man sich auf der Gasse wiederfindet, mit Gliedern, die diese schon unerwartete Freiheit, die man ihnen verschafft hat, mit besonderer Beweglichkeit beantworten, wenn man durch diesen einen Entschluss alle Entschlussfähigkeit in sich gesammelt fühlt, wenn man mit größerer als der gewöhnlichen Bedeutung erkennt, dass man ja mehr Kraft als Bedürfnis hat, die schnellste Veränderung leicht zu bewirken und zu ertragen, und wenn man so die langen Gassen hinläuft – dann ist man für diesen Abend gänzlich aus seiner Familie ausgetreten, die ins Wesenlose abschwenkt, während man selbst, ganz fest, schwarz vor Umrissenheit, hinten die Schenkel schlagend, sich zu seiner wahren Gestalt erhebt. Verstärkt wird alles noch, wenn man zu dieser späten Abendzeit einen Freund aufsucht, um nachzusehen, wie es ihm geht. (v 1913)

1. Beschreiben Sie die besonderen syntaktischen Auffälligkeiten des Textes.

2. Erläutern Sie, wie „man“ gekennzeichnet ist.

3. Inwiefern könnte man die Überschrift als symbolisch verstehen? Wofür könnte dieses Symbol stehen?

4. In welcher Weise sind die oben angestellten Textbeobachtungen (Aufgaben 1–3) eine Voraussetzung für eine Deutung des Textes?
Inwieweit sind auch weitere Informationen biografischer oder literaturgeschichtlicher Art nützlich? Beachten Sie die entsprechenden Hinweise in den beiden Info-Kästen auf S. 9 f.

Information

Hinweise zu Franz Kafka und seinem Werk

Foto um 1900

Franz Kafka (1883–1924) wird in Prag als Sohn des Kaufmanns Hermann Kafka und seiner Frau Julie geboren. Kafkas Leben steht deutlich unter dem Zeichen der Fremdheit: Schriftsteller kann er nur begrenzt sein, denn er arbeitet im Büro der „Arbeiter-Unfallversicherungsanstalt" und er opfert seiner Familie seine Kraft. In einem Brief schreibt er: „... ich lebe in meiner Familie fremder als ein Fremder." Als Jude gehört Kafka nicht zur christlichen Welt, als indifferenter Jude nicht ganz zu den Juden, als Deutschsprechender nicht ganz zu den Tschechen. Kafka hat zeitlebens um die Einordnung in die verschiedenen Gemeinschaften gerungen; dies betrifft familiäre, soziale, völkische und religiöse Gemeinschaften.
In Kafkas Werk geht es oft um die Auseinandersetzung mit den eigenen Bedrängnissen. Selten findet sich eine so enge Verknüpfung zwischen der Biografie eines Autors und seinem Werk wie bei Kafka. Er ist insofern ein moderner Autor, als seine eigenen Erfahrungen genau die Probleme der Moderne sind: die Auflösungen ethischer und religiöser Bindungen, Lebens- und Existenzängste des modernen Menschen, die geistige und soziale Selbstentfremdung des Einzelnen durch die verwaltete Welt, technologische Sachzwänge und das Aufkommen totalitärer Herrschaftsformen. Typisch für Kafkas Werk ist oft die Atmosphäre von Unsicherheit, Fremdheit, Verlorenheit; Kafkas Gestalten sind nicht selten durch ein Übermaß von Reflexion gekennzeichnet (vgl. die Hinweise auf S. 56).

(5) Ergänzen Sie den folgenden Ausschnitt aus dem Deutungsteil einer Textinterpretation, indem Sie eine präzise Beschreibung des Textes voranstellen. Fassen Sie dazu die Ergebnisse aus den Aufgaben 1–3 zusammen. Schreiben Sie die Textbeschreibung in Ihr Heft. Beachten Sie die Hinweise im Info-Kasten.

[...] Man könnte den Text in folgender Weise deuten und auf die heutige Zeit übertragen: Wenn ein Mensch die Erfahrung gemacht hat, dass es nicht mehr möglich ist, sich in dem alltäglichen Beziehungsgeflecht von Familie, Schule, Beruf zu orientieren, und in dem dadurch entstehenden Beziehungsstress die Unmöglichkeit erwächst, sich selbst zu finden, wird er sich leicht mit dem „man" des Textes identifizieren können. Zu einem menschenwürdigen, erfüllten Leben gehört die Möglichkeit zur Selbstverwirklichung. So könnte die Überschrift „Der plötzliche Spaziergang" als eine Chiffre oder ein Symbol für ein Abschiednehmen (vgl. Z. 14 ff.), für den Entschluss verstanden werden, „gänzlich aus seiner Familie" (Z. 26) auszutreten. Um „sich zu seiner wahren Gestalt zu erheben", muss man seine Familie, die einen daran hindert, sich zu verwirklichen, verlassen, um „zu dieser späten Abendzeit" (Z. 30 f.) einen Freund aufzusuchen oder auch etwas anderes in dieser Richtung zu tun [...].

Information

Textbeschreibung

Um einen Text und dessen auffallende Merkmale genau zu beschreiben, muss Folgendes geleistet werden:

- den Text genau lesen, möglicherweise mehrmals,
- Inhalt, Thema, Struktur des Textes erfassen (vgl. Gliederungssignale und Strukturwörter, s. S. 35),
- einzelne sprachliche Gestaltungselemente sowie Formmerkmale des Textes erkennen,
- durch Markierungen und Randnotizen Beobachtungen festhalten.

Für die Beschreibung eines Textes gelten ähnliche Kriterien wie für andere Beschreibungen:

- Darstellung im Präsens aus vorwiegend objektiver Perspektive,
- sachlicher und neutraler Stil; Benutzung von Fachbegriffen,
- überprüfbare Angaben.

Eine **präzise Beschreibung legt die Grundlagen für eine stimmige Analyse bzw. Deutung eines Textes.** Ein wichtiger Grundsatz heißt: Zuerst beschreiben, dann deuten; jede Deutung sollte sich auf die Ergebnisse einer Beschreibung stützen.

Beschreibung

Thema/Inhalt/Struktur	**Sprache**	**Form**
Worum geht es inhaltlich im Text? Wie ist der Inhalt gegliedert?	Welche sprachlichen Gestaltungselemente kennzeichnen den Text?	Welche Formmerkmale sind für der Text typisch?

Analyse oder Interpretation

Weitere Trainingsmöglichkeiten

Text 1

Bertolt Brecht

Wenn die Haifische Menschen wären

„Wenn die Haifische Menschen wären", fragte Herrn K. die kleine Tochter seiner Wirtin, „wären sie dann netter zu den kleinen Fischen?" – „Sicher", sagte er. „Wenn die Haifische Menschen wären, würden sie im Meer für die kleinen Fische gewaltige Kästen bauen lassen, mit allerhand Nahrung drin, sowohl Pflanzen als auch Tierzeug. Sie würden sorgen, daß die Kästen immer frisches Wasser hätten, und sie würden überhaupt allerhand sanitäre Maßnahmen treffen. Wenn zum Beispiel ein Fischlein sich die Flosse verletzen würde, dann würde ihm sogleich ein Verband gemacht, damit er den Haifischen nicht wegstürbe vor der Zeit. Damit die Fischlein nicht trübsinnig würden, gäbe es ab und zu große Wasserfeste; denn lustige Fischlein schmecken besser als trübsinnige. Es gäbe natürlich auch Schulen in den großen Kästen. In diesen Schulen würden die Fischlein lernen, wie man in den Rachen der Haifische schwimmt. Sie würden zum Beispiel Geographie brauchen, damit sie die großen Haifische, die faul irgendwo liegen, finden können. Die Hauptsache wäre natürlich die moralische Ausbildung der Fischlein. Sie würden unterrichtet werden, daß es das Größte und Schönste sei, wenn ein Fischlein sich freudig aufopfert, und daß sie alle an die Haifische glauben müßten, vor allem, wenn sie sagten, sie würden für eine gute Zukunft sorgen. Man würde den Fischlein beibringen, daß die Zukunft nur gesichert sei, wenn sie gehorsam lernten. Vor allen niedrigen materialistischen und marxistischen Neigungen müßten sich die Fischlein hüten und es sofort den Haifischen melden, wenn eines von ihnen solche Neigungen verriete. Wenn die Haifische Menschen wären, würden sie natürlich auch untereinander Kriege führen, um fremde Fischkästen und fremde Fischlein zu erobern. Die Kriege würden sie von ihren eigenen Fischlein führen lassen. Sie würden die Fischlein lehren, daß zwischen ihnen und den anderen Fischlein der anderen Haifische ein riesiger Unterschied bestehe. Die Fischlein, würden sie verkünden, sind bekanntlich stumm, aber sie schweigen in ganz verschiedenen Sprachen und können einander daher unmöglich verstehen. Jedem Fischlein, das im Krieg ein paar andere Fischlein, feindliche, in anderer Sprache schweigende Fischlein tötete, würden sie einen kleinen Orden aus Seetang anheften und den Titel Held verleihen. Wenn die Haifische Menschen wären, gäbe es bei ihnen natürlich auch eine Kunst. Es gäbe schöne Bilder, auf denen die Zähne der Haifische in prächtigen Farben, ihre Rachen als reine Lustgärten, in denen es sich prächtig tummeln läßt, dargestellt wären. Die Theater auf dem Meeresgrund würden zeigen, wie heldenmütige Fischlein begeistert in die Haifischrachen schwimmen, und die Musik wäre so schön, daß die Fischlein unter ihren Klängen, die Kapelle voran, träumerisch und in allerangenehmste Gedanken eingelullt, in die Haifischrachen strömten. Auch eine Religion gäbe es da, wenn die Haifische Menschen wären. Sie würden lehren, daß die Fischlein erst im Bauch der Haifische richtig zu leben begännen. Übrigens würde es auch

(Aus lizenzrechtlichen Gründen folgt dieser Text nicht der reformierten Rechtschreibung.)

aufhören, wenn die Haifische Menschen wären, daß alle Fischlein, wie es jetzt ist, gleich sind. Einige von ihnen würden Ämter bekommen und über die anderen gesetzt werden. Die ein wenig größeren dürften sogar die kleineren auffressen. Das wäre für die Haifische nur angenehm, da sie dann selber öfter größere Brocken zu fressen bekämen. Und die größeren, Posten habenden Fischlein würden für die Ordnung unter den Fischlein sorgen, Lehrer, Offiziere, Ingenieure im Kastenbau usw. werden. Kurz, es gäbe überhaupt erst eine Kultur im Meer, wenn die Haifische Menschen wären.“ (1948)

Aufgabenstellung

1. Kennzeichnen Sie auffallende Textmerkmale; markieren Sie dazu Textstellen und nehmen Sie Randnotizen vor.
2. Geben Sie einen knappen Deutungshinweis; nutzen Sie dazu die folgenden Informationen über Bertolt Brecht.

Information

Bertolt Brecht (1898–1956) war ein erbitterter Gegner der Nationalsozialisten. Er gehört zu den Schriftstellern, die Deutschland im Jahre 1933 den Rücken kehrten und während der nationalsozialistischen Herrschaft im **Exil** lebten. Brecht kämpfte zeitlebens dafür, die durch den Kapitalismus geprägte Welt im Sinne seiner marxistischen Vorstellungen zu einer für ihn gerechteren, besseren Welt zu machen. Er verstand daher seine Texte in aller Regel als Vehikel sozialer und politischer Revolution.
Der Text „Wenn die Haifische Menschen wären“ gehört zu Brechts **Keuner-Parabeln**. Die Figur *Keuner* ist nicht als konkrete Person zu verstehen, sondern eher als ein **Sprachrohr für bestimmte Ansichten Brechts**. Es ging Brecht darum, wie ein Lehrer auf bestimmte Verhältnisse in der Welt ermahnend und anklagend hinzudeuten.

Gemälde von Rudolf Schlichter (1926)

Text 2

Rainer Maria Rilke

Herbst

Die Blätter fallen, fallen wie von weit,
als welkten in den Himmeln ferne Gärten;
sie fallen mit verneinender Gebärde.

Und in den Nächten fällt die schwere
Erde aus allen Sternen in die Einsamkeit.

Wir alle fallen. Diese Hand da fällt,
Und sieh dir andre an: es ist in allen.

Und doch ist Einer, welcher dieses Fallen
unendlich sanft in seinen Händen hält.

(1902)

Aufgabenstellung

Verfassen Sie eine Textbeschreibung; erläutern und deuten Sie Ihre Textbeobachtungen.

Text 3

Peter Härtling: Nein! (Rede) (s. S. 23 ff.)

Aufgabenstellung

Listen Sie auffallende Textmerkmale in dem Redetext von Peter Härtling auf. Kennzeichnen Sie Art und Aufbau des Textes.

Einen Text kommentieren

Beim schriftlichen Abitur wird u. a. von Ihnen verlangt, sich mit einer bestimmten Thematik/Problematik auseinanderzusetzen und in persönlicher, erörternder Weise Stellung zu beziehen.
Wenn es dabei um die Kommentierung eines Textes geht, kann dieser Text sowohl ein Sachtext als auch ein poetischer Text sein.

Hans Magnus Enzensberger

ins lesebuch für die oberstufe

lies keine oden[1], mein sohn, lies die fahrpläne.
sie sind genauer. roll die seekarten auf,
eh es zu spät ist, sei wachsam, sing nicht.
der tag kommt, wo sie wieder listen[2] ans tor
schlagen und malen den neinsagern auf die brust
zinken[3]. lern unerkannt gehn, lern mehr als ich:
das viertel wechseln, den paß, das gesicht.
versteh dich auf den kleinen verrat,
die tägliche schmutzige rettung. nützlich
sind die enzykliken[4] zum feueranzünden,
die manifeste[5]: butter einzuwickeln und salz
für die wehrlosen. wut und geduld sind nötig,
in die lungen der macht zu blasen
den feinen tödlichen staub, gemahlen
von denen, die viel gelernt haben,
die genau sind, von dir.

(1957)

---

1 Oden: besonders feierliche Gedichte; die kunstvolle Form verleiht ihnen eine besondere ästhetische Schönheit und Erhabenheit; diese Gedichte haben keine politische Zielrichtung
2 Listen: möglicher Hinweis auf schwarze Listen zur Zeit des Nationalsozialismus
3 Zinken: möglicher Hinweis auf Kennzeichnung von „Gegnern“ des Regimes (z. B. Judenstern)
4 Enzykliken: päpstliche Rundschreiben mit religiösem Programm
5 Manifeste: politische Programme

1 Nennen Sie einerseits die Ratschläge/Empfehlungen, andererseits die Warnungen/Verbote des lyrischen Sprechers.

Ratschläge/Empfehlungen	Warnungen/Verbote
lies fahrpläne	

2 Der Text stammt aus dem Jahre 1957, zwölf Jahre nach Beendigung der Hitlerdiktatur. Der lyrische Sprecher fordert zu Wachsamkeit und Widerstand gegen eine totalitäre Diktatur auf. Nennen und erläutern Sie stichwortartig entsprechende Aussagen.

____

____

____

3 Formulieren Sie einen Einleitungssatz für einen persönlichen Kommentar (lyrischer Sprecher, Thematik, s. auch Aufgabe 2).

____

____

____

Information

Kommentar

Der Kommentar gehört zu den erörternden Textformen; man stellt seine persönliche Meinung zu einem umstrittenen, von anderen u. U. ganz anders eingeschätzten Sachverhalt dar. Dieser kann einsträngig, steigernd sein, er kann auch dialektisch sein, indem man Thesen und Antithesen gegeneinanderführt. Bei einem Kommentar handelt es sich nicht nur um eine sachliche, objektive Darstellung der Argumente. Man kann einen Kommentar daher auch in einer sehr persönlichen, offenen, essayistischen Form (s. S. 36) anlegen.
Allgemeine Anforderungen an einen schriftlichen Kommentar:

- Ein Kommentar sollte originell, sprachlich elegant und rhetorisch überzeugend sein, üblich ist die Zeitform Präsens (bei Bezug auf vergangene Sachverhalte Präteritum),
- zunächst Erklärung des Sachverhalts oder des Ausgangstextes in knapper und sachlicher Form,
- danach Begründung der eigenen Position für oder gegen den Sachverhalt/Text,
- Argumente mit Beispielen/Belegen absichern.

4 Ergänzen Sie in Ihrem Heft den folgenden Anfang eines Kommentars aus persönlicher, kritischer Sicht. Notieren Sie auch, was Ihrer Meinung nach unbedingt in ein modernes Lesebuch/Arbeitsbuch für die Oberstufe hineingehört. Sie können diesen Anfang nutzen, Sie können auch einen völlig anderen Ansatz wählen. Achten Sie auf passende Formulierungen (vgl. Info-Kasten auf S. 14).

Ich vertrete die Ansicht, dass die Ratschläge des lyrischen Sprechers in dem 1957 erschienenen Gedicht vor dem Hintergrund der Diktaturen Hitlers und Stalins durchaus einleuchtend sind. Wer selbst in einer dieser Diktaturen um sein Leben bangen musste, wer zu den Verfolgten zählte, wer Angehörige verloren hat, dem werden die Diskussionen um die deutsche Wiederbewaffnung, das Wehrpflichtgesetz, den NATO-Beitritt Deutschlands, die Debatte um eine atomare Aufrüstung Angst machen. Die unmittelbar nach dem Kriege mit der Gründung der UNO aufkeimende Hoffnung auf dauernden Frieden in der Welt erwies sich bereits einige Jahre nach der Katastrophe des Zweiten Weltkrieges als eine Fata Morgana. Aus heutiger Sicht, über 60 Jahre nach Beendigung des Krieges, wo wir in einer gefestigten und inzwischen auch bewährten Demokratie (sicherlich nicht ganz ohne Probleme) leben, stellt sich für mich vor allem in Bezug auf die Überschrift des Gedichts, die ja auch eine Frage enthält, die Problematik, was in ein Lesebuch, heute sagt man wohl eher *Arbeitsbuch*, hineingehört. Inwiefern müssten sich heute die Inhalte eines Lese- und Arbeitsbuches von denen unterscheiden, die der Schriftsteller Enzensberger vorschlägt? ...

Information

Formulierungshilfen

- Verdeutlichung der eigenen Meinung
  - Ich vertrete die Ansicht/Meinung/Auffassung, dass ...
  - Ich bin überzeugt, dass ...
  - Nicht akzeptiert werden kann, dass ...
  - Meiner Ansicht nach/aus meiner Sicht/in meinen Augen ...
  - Nach meiner Überzeugung ...
- Ablehnende, zustimmende oder einen Kompromiss vorschlagende Wendungen
  - Als gelungen/akzeptabel/bedenklich/angreifbar kann angesehen werden ...
  - Ich kann die Auffassung nicht teilen ...
  - Es stellt sich dabei die Frage, wieweit ...
  - Ich kann mich dieser Auffassung nicht anschließen ...
  - Dies ist gelungen/bedenklich/abwegig/nicht akzeptabel ...
  - Als Lösung/Alternative kann vorgeschlagen werden ...
  - Als Kompromiss bietet sich an ...
  - Beide Meinungen haben etwas für sich ...

Hinweis:
Im klassischen Zeitungskommentar treten die an dieser Stelle empfohlenen Formulierungshilfen in der Ich-Form weniger häufig auf. Ein Journalist wird vielmehr versuchen, seine eigene Meinung subtiler, hintergründiger, bisweilen auch versteckter vorzutragen.

(5) Auch durch einen Alternativtext, d. h. durch gestaltendes Eingreifen in den Ausgangstext, kann man einen Kommentar geben.
Erläutern Sie, inwieweit das folgende Gedicht als eine persönliche Reaktion auf den Text von Enzensberger „ins lesebuch für die oberstufe" angesehen werden könnte.

Ins Lesebuch für die Oberstufe

Lies ruhig Oden, mein Sohn,
lies Liebesgedichte,
lies Märchen und Fantasiegeschichten.
Aber
lies auch politische Lyrik von
Heine
Brecht
Enzensberger.
Aber
lies sie nicht so, wie die Schriftsteller es wollen,
lies sie so, wie du es willst,
lies kritisch,
frage dich bei allem Geschriebenen,
welche Interessen dahinterstehen.
Glaube keinem so ohne Weiteres,
nicht den Vertretern der Kirche, der Schule,
des Staates
und auch den Schriftstellern nicht.

(Jens Rademacher, Schüler der Jg. 12)

Weitere Trainingsmöglichkeit

Aufgabenstellung

1. Erläutern Sie den Aufbau im folgenden Kommentar aus einem „Schreib-Lexikon für die Oberstufe". Dieser Kommentar bezieht sich auf den Text von Nadja Einzmann „An einem Abend und fremd" (s. S. 59). In dem Kommentar wird der letzte Satz der Erzählung als Aufhänger benutzt.

Meiner Meinung nach spricht die Ich-Erzählerin in der Rolle eines inzwischen erwachsenen Kindes von Eltern der 1960er-/1970er-Jahre. Sie erinnert sich „an einen" (Z. 9), möglicherweise ihren eigenen Vater, der in der Erziehung seiner Kinder ziemlich „weich" (Z. 10) war, ihnen also selten Grenzen setzte. Hippie-Eltern vertrauten vielmehr darauf, dass ihre Kinder „frei von Zwängen" selbstständig in ihren Entscheidungen und Handlungen werden würden. Von ihren Eltern, so scheint mir, hat die Erzählerin durchaus eine Reihe von Vorstellungen der 1960er-Jahre übernommen, wie Musikrichtung (vgl. Joan Baez), Freizeitverhalten (vgl. Walkman, Abendmuße) und einen ungezwungenen Lebensstil (vgl. ihre lässige Bekleidung und zwanglose Sitzhaltung auf den Kirchenstufen), die in meiner Generation auch sehr verbreitet sind. Aber sie ist wohl weniger mit dem strengeren Erziehungsstil vertraut, den der junge Vater in der Geschichte für seine Kinder gewählt hat. Ich könnte mir gut vorstellen, dass sie aus eigener Erfahrung nicht einmal ein geregeltes Familienleben kennt, wie ihre verklärte Vorstellung von einem fürsorglich gedeckten „Abendbrottisch" (Z. 26 ff.) zeigt.

2. Geben Sie einen knappen Kommentar zu dem Text von Peter Härtling, „Nein!" (Rede), s. S. 23 ff.

Einen Interpretationsentwurf beurteilen und überarbeiten; die Kommasetzung trainieren

Einen ersten Verstehensansatz erschließen

Hans Magnus Enzensberger

konjunktur[1]

Steht K. für das Wirken der Mächtigen?
50er-Jahre – Adenauer-Ära; 1956: Wiederbewaffnung

ihr – die Fische (die Abhängigen, Machtlosen)
sie – die Angler (die Mächtigen)
8

ihr glaubt zu essen
aber das ist kein fleisch
womit sie euch füttern
das ist köder, das schmeckt süß
(vielleicht vergessen die angler
die schnur, vielleicht
haben sie ein gelübde getan,
in zukunft zu fasten?)

Ironie?

modernes Gedicht:
- keine Strophen, sondern Abschnitte
- kein Reim
- kein Metrum
- Kleinschreibung

10

der haken schmeckt nicht nach biscuit
er schmeckt nach blut
er reißt euch aus der lauen brühe:
wie kalt ist die luft an der beresina[2]!
ihr werdet euch wälzen
auf einem fremden sand
einem fremden eis:
grönland, nevada[3], fest-
krallen sich eure glieder
im fell der nubischen wüste.

4

sorgt euch nicht! gutes gedächtnis
ziert die angler, alte erfahrung.
sie tragen zu euch die liebe
des metzgers zu seiner sau.

Angler – wie die Liebe des Metzgers zu seiner Sau

4

sie sitzen geduldig am rhein,
am potomac[4], an der beresina,
an den flüssen der welt.
sie weiden euch. sie warten.

3

ihr schlagt euch das gebiß in die hälse.
euch vor dem hunger fürchtend
kämpft ihr um den tödlichen köder.

(1957)

(Aus lizenzrechtlichen Gründen folgt dieser Text nicht der reformierten Rechtschreibung.)

[1] Konjunktur: Zusammenwirken sämtlicher wirtschaftlicher Bewegungsvorgänge: Wirtschaftslage/Wirtschaftsflaute/Wirtschaftsaufschwung (kann darüber hinaus auch – wie hier – auf gesellschaftliche und politische Vorgänge bezogen werden)

[2] Beresina: Fluss in Russland, an dem Napoleon beim Rückmarsch von Moskau im Jahre 1812 eine entscheidende Niederlage erlitt

[3] Nevada: Wüste in den USA, in der viele Jahre lang Atombombenversuche stattgefunden haben

[4] Potomac: Fluss in den USA, an dem das Verteidigungsministerium liegt

Information

Hans Magnus Enzensberger (geb. 1929 in Kaufbeuren) knüpft als Lyriker an Bertolt Brechts Konzeption des Gedichts als „Gebrauchsgegenstand“ an und sieht seine schriftstellerische Aufgabe vor allem darin, **kritisch zum Zeitgeschehen Stellung zu nehmen**.
Das Gedicht „konjunktur“ ist der Lyriksammlung „Verteidigung der Wölfe“ entnommen; die Gedichte sind in den Jahren 1954–1957 entstanden. Der Gedichtband enthält neben *freundlichen* und *traurigen* Gedichten auch *böse* Gedichte (Buchklappentext). Immer äußert Enzensberger seine Kritik an den bestehenden gesellschaftlichen Verhältnissen. Das Jahr 1956 bringt – etwa zehn Jahre nach dem Inferno des Zweiten Weltkrieges – die Gründung der Bundeswehr und damit die deutsche Wiederbewaffnung.

1. Lesen Sie das Gedicht genau, möglicherweise mehrere Male. Fassen Sie die Markierungen und Randnotizen in einem knappen beschreibenden Text zusammen. Ergänzen Sie ggf. eigene Markierungen und Randnotizen.

2. Formulieren Sie stichwortartig einen ersten Verstehensansatz/eine erste Deutungshypothese.

3. Markieren Sie im Text mit zwei unterschiedlichen Farben, was über die Angesprochenen („ihr“) und was über die „Besprochenen“ („sie“) ausgesagt wird.

4. Inwieweit halten Sie das Gedicht für typisch für den Schriftsteller Enzensberger? Lesen Sie dazu die oben stehenden Informationen zum Verfasser.

Eine Schülerinterpretation beurteilen und überarbeiten

Interpretation des Gedichts „konjunktur" von Hans Magnus Enzensberger (Ausschnitt)

Hans Magnus Enzensberger, der 1929 in Kaufbeuren/Schwaben geboren wurde, gehört zu den gesellschaftskritischen Lyrikern unserer Zeit. Sein Gedicht „konjunktur" stammt aus der Sammlung der Gedichte „Verteidigung der Wölfe", die zwischen 1954 und 1957 entstanden sind, wobei ich davon ausgehe, dass der Titel der Gedichtsammlung ironisch gemeint ist. Auch in diesem Gedicht geht es um Kritik am gesellschaftlichen und politischen System der Bundesrepublik Deutschland.

Für den folgenden Hauptteil meiner Analyse wähle ich die lineare Vorgehensweise, indem ich Abschnitt für Abschnitt durchgehe. Das Gedicht „konjunktur" beginnt mit der ganz persönlichen Anrede „ihr"; dieser folgt unmittelbar ein Vorwurf bzw. ein Klarstellen der augenblicklichen Situation. Der lyrische Sprecher versucht durch das Wort „glaubt" (Z. 1), eine gewisse Unsicherheit darzustellen: „ihr glaubt zu essen/aber das ist kein fleisch/womit sie euch füttern/das ist köder [...]" (Z. 1 ff.). Hier tauchen neue anonyme Figuren auf, die durch das „sie" in ihrer Anonymität betont werden. Doch schon zwei Zeilen weiter werden diese Figuren als „angler" identifiziert. Diese Angler scheinen etwas vorzutäuschen, denn sie füttern nicht wirklich, nicht mit etwas Nahrhaftem, sondern mit einem Köder. Der Köder, der einerseits gut schmeckt, ist andererseits nichts weniger als eine Falle. Dennoch vermutet oder hofft der lyrische Sprecher, dass die Angler aufhören zu angeln, sei es, dass sie ihre Schnur vergessen haben, sei es, dass sie fasten wollen. Im Weiteren wird der Haken dargestellt, an dem der Köder festgemacht ist. Der lyrische Sprecher bemerkt: „der haken schmeckt nicht nach biscuit/er schmeckt nach blut" (Z. 9 f.). Der Köder erscheint hier endgültig als bösartige Falle, weil er nicht hält, was er zu versprechen scheint. Dieser Haken „reißt euch aus der lauen brühe" (Z. 11). Er reißt den Fisch – gemeint sind in diesem Falle die angesprochenen Menschen – aus ihrem ursprünglichen und doch schon getrübten Element heraus an die kalte Luft. Dadurch, dass der Verfasser die Beresina nennt, werden beim Leser ganz automatisch Assoziationen hervorgerufen. Er verbindet den Namen Beresina automatisch mit Niederlage und Tod. Doch damit scheint diesmal er selbst gemeint zu sein, er, den man durch Tricks herausgelockt hat. Und diese auf den Köder hereingefallenen Menschen werden sich „wälzen/auf einem fremden sand/einem fremden eis" (Z. 13 ff.). Die Betonung scheint hier auf dem zweimal vorkommenden „fremd" zu liegen. Die Menschen also werden dort zu finden sein, wo sie, ebenso wenig wie der herausgezogene Fisch im „sand", nichts zu suchen haben. Sie gehören dort nicht hin, aber sie krallen sich dennoch dort fest. Doch trotz alledem heißt es: „sorgt euch nicht!" (Z. 19), denn Erinnerungsvermögen und „alte erfahrung" (Z. 20) kennzeichnen die Angler. Aber Erfahrung womit? Im Hervorlocken, im Einfallen in fremde Gebiete? Die Antwort darauf bleibt dem Leser überlassen. Diese Angler sitzen „geduldig am rhein/am potomac, an der beresina" (Z. 23 f.) und warten. Diese Namen assoziieren die Vorstellung von Krieg, Macht, Gewalt. Mit diesen Namen können auch wichtige Schaltstellen der Macht gemeint sein (z. B. auch die Bundeshauptstadt Bonn am Rhein). Sie „tragen zu euch die liebe/des metzgers zu seiner sau" (Z. 21 f.). Der Metzger hegt und pflegt sein Tier, doch nur deshalb, um es später zu schlachten. Die Vorstellung des Weidens erinnert an Kühe, doch auch sie werden später geschlachtet. Sie, diese anonyme Gruppe, verfolgen das offensichtlich zu einem bestimmten Zweck. Doch dann schlagt ihr euch „das gebiß in die hälse/euch vor dem hunger fürchtend/kämpft ihr um den tödlichen köder" (Z. 27 ff.) der Mächtigen, der Angler. Die Metapher „das Gebiss in die Hälse schlagen" steht wohl für töten. Und all die, die schon so lange den Köder geschmeckt haben, fürchten den Hunger und kämpfen um den Köder. Die Fische, das sind die Menschen, zerfleischen sich gegenseitig. Sie erkennen offenbar nicht, dass sie und ihre Reaktionen gesteuert werden, gesteuert von den Anglern. Sie, das scheint die Gruppierung zu sein, die uns, das Volk, lenkt, uns zu ködern versucht und uns vielleicht zum Krieg anstiften will. [...]

(1) Beurteilen Sie, inwieweit der Verfasser in diesem Ausschnitt einer Interpretation konsequent im Sinne eines linearen Verfahrens vorgegangen ist. Beachten Sie den folgenden Info-Kasten.

Information

Interpretation poetischer Texte

Bei der Interpretation poetischer Texte kann man auf zweierlei Weise vorgehen:

- **Lineares Verfahren**: Sie folgen der Chronologie des Textes und gehen den Text systematisch im Sinne der jeweiligen Kriterien durch (Inhalt, sprachlich-rhetorische Machart, Zitat; Auswertung der Beschreibung/Deutung).
- **Aspektorientiertes Verfahren**: Sie gehen dabei von relevanten übergeordneten Deutungsaspekten aus. Um eine reine Addition zu vermeiden, müssen diese Aspekte integriert und im Rahmen der Gesamtdeutung erläutert werden.

(2) Bearbeiten Sie den Ausschnitt auf S. 18 unter folgenden Gesichtspunkten:

- Unterstreichen Sie alle Ausdrücke, die man als sprachliche Konnektoren (*hier, dies, daher, ...*) und als Gliederungssignale/Leserhilfen (*Ich komme jetzt zu ...*) ansehen kann.
- Gliedern Sie die Schülerinterpretation nach einzelnen Abschnitten; benutzen Sie dazu im Text das folgende Zeichen: ⌐
- Überprüfen Sie die stilistische Gestaltung des Schülertextes.

Der folgende Text stellt den letzten Teil der Schülerinterpretation dar.

[...] Im Folgenden möchte ich einige Einzelheiten zur Form des Textes klären. Bereits beim ersten Lesen fällt die generelle Kleinschreibung des Gedichts und die Klammer für die Vermutungen auf. Das Gedicht hat keine Reime und kein erkennbares Metrum. Schon dadurch tritt es deutlich als modernes Gedicht in Erscheinung. Wäre der Text nicht in bestimmten Verszeilen angeordnet könnte er auch als Prosatext gelten. Diese aufmerksamkeiterregende, ungewöhnliche Form des Textes entspricht der Intention des Verfassers zu warnen, aufzurütteln und an Wachsamkeit und Aufmerksamkeit der Menschen zu appelieren. Auch ist das Gedicht nicht in gleich lange Strophen gegliedert, sondern nach Abschnitten mit 8, 10, 4, 4 und 3 Zeilen. Auffallend sind bestimmte sprachliche Bilder zum Bedeutungsbereich Fischerei: Angler, Fische, Köder, Schnur, Haken, Blut, also mehrdeutig. Zur Metaforik möchte ich nocheinmal zwei auffällige Beispiele nennen: „fest-/krallen ..." (Z. 16 f.) und „ihr schlagt euch ..." (Z. 27).

Ich möchte jetzt versuchen, die Überschrift zu deuten. Diese ist offensichtlich zweideutig. Sie deutet einerseits auf ein Auf und Ab, auf wirtschaftliche Konjunkturschwankungen hin, das heißt auch auf Abhängigkeiten, weil eine Konjunkturflaute bedeutet möglicherweise eine harte Zeit für die Bevölkerung. Andererseits könnte die Überschrift bedeuten, dass zurzeit eine Konjunktur für Angler ist (die politisch Mächtigen?, die Wirtschaftsbosse?, die Giganten der Medien?, die Unterdrücker?, die Manipulierenden?). In dieser Zeit sind die „Fische" (die Unterdrückten?, Passiven?, Manipulierten?, Machtlosen?) zu erhöhter Wachsamkeit aufgerufen. Sie müssen zusammenhalten, dürfen sich nicht gegenseitig das „gebiß in die hälse" (Z. 27) schlagen.

RZ Es soll nun abschließent versucht werden eine Gesamtdeutung des Gedichts zu formulie-
RZR ren. Nach meiner Meinung soll Enzensberger's Gedicht zum Ausdruck bringen das die
Z Angler, d. h. diejenigen die in einer Gesellschaft die Macht innehaben, immer Konjunktur
Z haben. Sie halten den Fischen, das sind die einfachen Menschen. Köder hin also zum
ZR Beispiel Versprechungen von Wohlstand und Arbeit und können sie dadurch lenken. Das
Z die Angler ihre Schnur vergessen oder ein Gelübde zum Fasten ablegen ist eine trüge-
G rische Hoffnung, weil diese Hoffnung wird geradezu ausgeklammert. Der lyrische Spre-
cher warnt mit bitterer Ironie vor Passivität, fehlender Solidarität und gegenseitiger
Zerstörung. Ich beziehe mich dabei auf meine noch allgemein formulierte Deutungshy-
pothese am Anfang, die ich damit wieder aufnehme und konkretisiere. Die beiden Perso-
nengruppen der Angler und der Fische werden durch die Pronomina *sie* und *ihr* verdeut-
licht. Sie, das sind die Mächtigen, die alles lenken, und ihr, das sind alle, das ist das Volk,
GG die angesprochen und an die gewissermaßen appelliert wird. Die Brisanz des Textes ist
G auch heute noch aktuell, weil es gibt auch heute noch mächtige Menschen und Menschen-
gruppen, die weitreichende politische Entscheidungen treffen, und ohnmächtige Men-
schen, falsche Versprechungen und Manipulationen; man denke nur an den Irakkrieg,
den Beginn dieses Krieges und an die Folgen. Zur Zeit der Erstveröffentlichung waren
aber die Brisanz und die Aktualität des Gedichts vielleicht noch größer, weil im Jahre 1956
GG wurde die Bundeswehr aufgestellt und somit Deutschland wiederbewaffnet, also Auslö-
sung von großen Protestreaktionen.

(Till Bergmann, Jg. 12)

3 Dieser Teil der Schülerinterpretation enthält (s. die entsprechend gekennzeichneten Stellen am Rand) Fehler bei der Rechtschreibung (R), Zeichensetzung (Z), Grammatik bzw. stilistische Fehler (G) (z. B. Krüppelsatz oder falsche Wortstellung beim konjunktionalen Nebensatz).
Markieren Sie die Fehler in der entsprechenden Zeile; korrigieren Sie den Fehler entweder unmittelbar im Text oder, indem Sie ihn nummerieren, wie folgt:

(1) angeordnet, könnte; (2) ____________________

4 Überfliegen Sie zum Schluss noch einmal beide Teile der Gedichtinterpretation. Beurteilen Sie, inwieweit der Verfasser der Aufgabenstellung inhaltlich gerecht geworden ist. Diese lautet:

Interpretieren Sie das Gedicht „konjunktur" von H. M. Enzensberger. Kennzeichnen Sie die angesprochenen Personengruppen sowie den Wortschatz und die Bildersprache. Deuten Sie im Rahmen einer Gesamtinterpretation des Gedichts vor allem die Überschrift.

(5) Sind Sie fit in Kommasetzung? Im folgenden Text über den Autor Hans Magnus Enzensberger fehlen die Kommas. Achten Sie auf die entsprechenden Angaben am Seitenrand. Nutzen Sie die Hinweise im Info-Kasten.

Enzensberger, Hans Magnus

Geb. 11.11.1929 in Kaufbeuren

„Endlich, endlich ist unter uns der zornige junge Mann erschienen", rief Alfred Andersch
nach der Lektüre des ersten Gedichtbandes von E. aus. Das Klischee vom „zornigen jun-
K gen Mann" sollte zu einem Markenzeichen eines Autors werden der sich gegen jede lite-
K rarische und politische Festlegung wehrt. Die Einschätzung Anderschs E. habe mit *vertei-*
K *digung der wölfe* (1957) etwas geschrieben „was es in Deutschland seit Brecht nicht mehr
K gegeben hat: das große politische Gedicht" trifft durchaus zu. In Metaphorik und Sprach-
K spiel zunächst noch an Gottfried Benn anknüpfend beziehen sich E.s Gedichte [...] zuneh-
K mend auf politische Sachverhalte in der dialektischen Argumentation und den syntak-
K tischen Techniken des Verkürzens Schachtelns und Fügens Brecht ähnlich. Im
restaurativen Klima der 50er-Jahre ist die Literaturkritik tief verschreckt von der poli-
K tischen Präsenz dieser Gedichte. Hans Egon Holthusen nennt E. einen „Bürgerschreck"
„rabiaten Randalierer" und „schäumenden Hassprediger".
K Bevor E. als Lyriker in Erscheinung trat promovierte er 1955 mit einer Untersuchung zu
K Clemens Brentanos Poetik. Seine Kindheit verbrachte E. in Nürnberg nach dem Krieg
K besuchte er die Oberschule in Nördlingen; von 1949 bis 1954 studierte er in Erlangen
KK Hamburg Freiburg/Br. und Paris Literaturwissenschaften Sprachen und Philosophie. Bei
der Redaktion Radio-Essay (Alfred Andersch) in Stuttgart erntete er zwischen 1955 und
K 1957 als Kritiker erste Lorbeeren: Für den Rundfunk verfasste er Beiträge die später als
Aufsatzsammlungen Furore machten. In seinem Essay *Die Sprache des „Spiegel"* unter-
sucht E. „Moral und Masche eines deutschen Nachrichtenmagazins". Typisch für diesen
K streitbaren Autor ist dass er die *Spiegel*-Analysen – wenn auch der brisantesten Stellen
beraubt – in eben jener Zeitschrift abdrucken ließ. Sein Interesse gilt [...] den Vorgängen
KK in der „Bewusstseinsindustrie" die nicht nur traditionell künstlerisch-kulturelle sondern
auch Bereiche des Tourismus, der Mode usw. umfasst.

15 K

Der Essayband *Einzelheiten* (1962) in dem sich auch E.s grundlegende Darstellung zum Zusammenhang von „Poesie und Politik" findet gilt als wichtigste theoretische Arbeit des Autors. Wie sein romantisches Vorbild Clemens Brentano ist auch E. „polyglott gewandt ein poeta doctus par excellence nicht ohne modische Attitüde" (Hans Schwab-Felisch). Er beherrscht sieben Sprachen nahezu perfekt übersetzte und edierte Autoren wie César Vallejo Pablo Neruda oder William Carlos Williams. Bis auf den großen Roman hat er alle literarischen Genres erfolgreich erprobt (die 1972 publizierte Zitaten-Montage über den spanischen Anarchisten Buenaventura Durruti – *Der kurze Sommer der Anarchie* – benannte E. zwar lakonisch als „Roman" im strengen Sinn ist dies dokumentarische Werk aber keineswegs als ein solcher zu bezeichnen). Das schöpferische Interesse des Autors verschiebt sich zur Mitte der 60er-Jahre weiter von der Literatur zur Politik; er ist damit nicht nur Weggefährte sondern auch Vorreiter und Prophet einer Politisierung wie sie mit der Studentenbewegung den anti-amerikanischen Protesten gegen den Vietnam-Krieg usw. zum Ausdruck kommt. Sein Essayband mit dem bezeichnenden Titel *Politik und Verbrechen* (1964) beschäftigt sich denn auch ebenso analytisch wie politisch juristisch und militärisch beschlagen mit der Grauzone einer menschenfeindlichen verbrecherischen Politik.

[...] Von einem Kuba-Aufenthalt (1968/69) bringt E. das Dokumentar-Theaterstück *Das Verhör von Habana* (1970) mit. E.s Rolle besteht darin Tonbandmaterial über die Schweinebucht-Invasion von 1962 zu montieren zu übersetzen auszuwählen.

Die Spannweite seiner Werke ist groß: Prägen dieses Stück die Agitprop-Ziele der Neuen Linken so sind E.s Neuübersetzung und Nachdichtung von Molières *Der Menschenfeind* (1979) sowie das vom Diderot-Stück *Ist es gut? Ist es böse?* angeregte Spiel *Der Menschenfreund* (1984) im traditionell-harmlosen Konversationston gehalten. Auch das Schauspiel *Die Tochter der Luft* (1992) ist kein originäres Bühnenstück E.s sondern eine von der konventionellen Rhetorik befreite Neuübersetzung des gleichnamigen Calderon-Stückes. Zur Überraschung des Publikums veröffentlicht E. der im Kursbuch der Literatur die gesellschaftliche Notwendigkeit absprach und ihr Harmlosigkeit bescheinigte 1971 einen Lyrikband (*Gedichte 1955–1970*) der neben alten auch dreißig neue Gedichte präsentiert. Lakonisch und bissig nimmt er darin Abschied von den Illusionen der „Kulturrevolution" der späten 60er-Jahre. Sind diese Gedichte noch von der einfachen Sprechweise des Agitprop gekennzeichnet so kehrt E. mit der Balladendichtung *Mausoleum* (1975) dem Versepos vom *Untergang der Titanic* (1978) und dem Gedichtband *Die Furien des Verschwindens* (1980) nach langen Jahren der politisch-intentionalen Literatur und Publizistik zu den leisen Tönen literarischer Mitteilungsformen zurück.

Information

Die wichtigsten Kommaregeln auf einen Blick

1.	2.	3.	4.	5.	6.	7.	8.	9.
Komma bei Aufzählungen	Komma bei Einschüben, Zusätzen, nachgeschobenen Erklärungen	Komma vor entgegenstellenden Konjunktionen	Komma trennt Ausrufe, Anreden, Bejahungen, Verneinungen, Bekräftigungen vom übrigen Satz.	Komma zwischen Hauptsätzen (Satzreihe)	Komma trennt Hauptsatz und Gliedsatz (einfaches Satzgefüge).	Komma trennt Hauptsätze und Gliedsätze (komplexes Satzgefüge).	Komma bei wörtlicher, direkter Rede	Komma bei indirekter Rede
Karin, Birgit und Teresa sind gute Freundinnen.	Fred, er ist mein bester Freund, kommt mit.	Tina will mitkommen, nicht Nelli.	Wie, du kannst das alles schon? Ja, ich komme.	Lars kommt mit, [doch] Kurt bleibt zu Hause.	Peter nimmt an der AG Foto teil, weil Kirsten auch kommt. Sven mag Miriam, die in der Klasse neben ihm sitzt.	Irene verabredet sich mit Jochen, den sie mag, weil er ihr bei der Arbeit geholfen hat.	„Heute ist ein prima Wetter für Langlauf", meinte Lara.	Lara meinte, heute sei ein prima Wetter für Langlauf.

Sonderfall: Das Komma bei Infinitivgruppen

- Die Infinitivgruppe wird mit *um, ohne, anstatt, statt, außer, als* eingeleitet.
  Beispiel: Er kam, *um* mich zu besuchen. Sie ging vorbei, *ohne* ihn zu beachten.
- Die Infinitivgruppe hängt von einem Nomen/Substantiv ab.
  Beispiel: Sie hält sich an das *Versprechen*, heute zu kommen.
  Er übernimmt heute die *Aufgabe*, für Musik zu sorgen.
- Die Infinitivgruppe hängt von einem Verweiswort ab.
  Beispiele:
  Darauf, sie ins Kino einzuladen, kam er nicht. Er kam nicht *darauf*, sie ins Kino einzuladen.
  Mit ihm spazieren zu gehen, *darauf* freute sie sich.
  Sein größter Wunsch ist *es*, in den großen Ferien seine Tante in Kanada *zu* besuchen.
  Sie dachte gar nicht *daran*, mit ihm zu kommen, und lief weg.

Kein Komma

- Bei einfachen Vergleichen: Das Wetter ist heute besser als gestern.
  (Aber: Das Wetter ist besser, als ich gedacht habe.)
- Bei reihenden Konjunktionen, die Wörter bzw. Wortgruppen verbinden (s. *Komma bei Aufzählungen* in der Übersicht): und, oder, entweder ... oder, weder ... noch, sowohl ... als auch, beziehungsweise, wie
  (Aber: Ein Komma muss stehen bei entgegenstellenden Konjunktionen wie: aber, allerdings, sondern; s. auch Übersicht.)

Training: Schulaufgaben und schriftliches Abitur

Verfassen einer vergleichenden Analyse von Sachtexten

Aufgabenstellung

1. Analysieren Sie vergleichend die beiden folgenden Redetexte; berücksichtigen Sie dabei Thematik, Art der Rede, Redesituation und sprachlich-rhetorische Gestaltung.

2. Formulieren Sie eine knappe, begründete persönliche Beurteilung der beiden Reden.

Text 1

Peter Härtling

Nein!

■ Der Schriftsteller Peter Härtling (geb. 1933) hielt diese Rede im Jahre 1992, zwei Jahre nach dem Ende der DDR, auf der Buchmesse in Frankfurt/M. In das Jahr 1992 fielen die ethnischen Auseinandersetzungen im auseinanderfallenden Staat Jugoslawien. Außerdem wurde diskutiert, den Asylparagrafen des Grundgesetzes zu ändern, um Asylsuchende an der deutschen Grenze leichter in ein anderes Land abschieben zu können. ■

Ich stehe hier, um das Elend unserer Geschichte, der einen und zwiefachen deutschen Geschichte[1], zu beklagen. Ich stehe hier, um in aller Kürze eine Geschichte zu erzählen, die uns dieses Elend klarmachen kann, ein Bündel von Verdrängungen, Feigheiten, Aggressionen, Fresssüchten, Anmaßungen und Egoismen.

Ein paar Sätze dagegen. Ich fange mit einem ganz frühen an. Hier, zwischen ungezählten Büchern, die weniger vergesslich sind als wir. Ich habe mich immer mit ihnen zu erinnern versucht, von Jahr zu Jahr trauriger und zorniger werdend. //

1848, als das deutsche Parlament[2] zusammentrat, um sich eine fortschrittliche Verfassung zu geben, hielt es ein Abgeordneter für unabdingbar nötig, vor den Artikel eins, der die Würde des Menschen benannte, seinen Artikel zu stellen. Er schrieb folgenden Antrag:

---

[1] zwiefache deutsche Geschichte: geteiltes Deutschland von 1945 bis 1990

[2] Parlament von 1848: die Nationalversammlung in der Frankfurter Paulskirche, die eine konstitutionelle Monarchie mit demokratischen Strukturen und einen deutschen Einheitsstaat anstrebte; die Nationalversammlung wurde 1849 im Zuge revolutionärer Auseinandersetzungen wieder aufgelöst.

„Als Artikel 1 vor Artikel 1 des Entwurfs, der dann Artikel 2 würde, einzuschalten: Das deutsche Volk ist ein Volk von Freien, und deutscher Boden duldet keine Knechtschaft. Fremde Unfreie, die auf ihm verweilen, macht er frei."
Hier bekommt die angesprochene Würde des freien Menschen einen leuchtenden Rahmen. Und der deutsche Boden ist nicht biedere, ideologisch verengte Heimat, sondern Zufluchtsgrund für jene, die frei sein wollen. Was für ein Angebot! Wie selbstverständlich wird da von Deutschland gesprochen, wie offen und ohne jede Krafthuberei, ohne jede Arroganz. So spricht der wirklich Freie. Jacob Grimms[3] Antrag wurde von der Nationalversammlung mit einer Mehrheit von 13 Stimmen abgelehnt. //
1945 war ich dreizehn Jahre alt. Der Krieg, der Zweite Weltkrieg, hatte mir meine Eltern genommen. Mein Vater hatte als Rechtsanwalt leise und beherzt Hitler widerstanden. Meine Mutter war „arisch" nicht in Ordnung. Und ich nahm mir als kleiner Nazi, als Pimpf, das falsche Recht, mich gegen meine Eltern zu behaupten. Als ich die Uniform noch trug, im Namen Hitlers und meines Volkes Millionen jüdischer Bürger umgebracht worden waren, Sintis, Romanis, Politische, Homosexuelle. Als der Krieg zu Ende war, machten mir die Erwachsenen vor, wie rasch und wie folgenlos das Vergessen sein kann. Aus meinen nazistischen Vorrednern wurden Patentdemokraten, bußfertige Christen – auf alle Fälle Erfolgreiche im aufblühenden Wirtschaftswunderland. Mir sind diese schnellen Anverwandler unheimlich bis auf den Tag. //
Aber einige wenige erzählten unsere Geschichte weiter, und als die Verfassung für die Bundesrepublik Deutschland, das Grundgesetz, geschrieben wurde, erinnerten sie sich – die Erfahrung brannte ihnen noch unter den Sohlen – an alle, die verfolgt wurden, an alle, die Asyl suchten, ins Exil gingen, und sie formulierten für den Artikel 16, Absatz zwei, einen großen, großmütigen Satz: „Politisch Verfolgte genießen Asylrecht."
Da öffnet sich ein Tor. Da nimmt eine Geschichte aus Gewissen ihr Recht wahr.
Dieser Artikel wurde *nicht* abgelehnt. //
Er soll jetzt, nach dreiundvierzig Jahren Verfassungswirklichkeit, zerredet und gestrichen werden. Nach dem Wunsch von Demokraten, die Söhne und Töchter der Verfolger und mitunter auch der Verfolgten sind. //
Ich hoffe, dass alle hier, die Geschichte denken und Geschichten erzählen, diesem ungeschichtlichen, uns demütigenden und tief beschämenden Vorsatz widersprechen.
Nein, Ihr Verdränger, Ihr Vergesslichen!
Nein, Ihr von den Erfolgen blank geriebenen Egoisten!
Nein!
Und Nein auch gegen die Jungen, die von Neuem in un-

[3] Jacob Grimm (1785–1863): Sprach- und Literaturwissenschaftler; er gehörte mit seinem Bruder Wilhelm Grimm zu den sieben Göttinger Universitätsprofessoren, die 1837 gegen die Aufhebung liberaler Verfassungsrechte (im Königreich Hannover) protestierten und deshalb ihrer Ämter enthoben wurden.

serm Land Menschen verfolgen, Schwächere demütigen, Feuer legen.

Allerdings ein Nein, das Geschichte zusammenfasst, wiederum unsere. Wenn diese Jungen sich auf Hitler berufen, dann gegen unser Verdrängen, gegen unsere Betriebsamkeit und gegen die Lügen, die sie ausgehalten haben, um identisch mit sich zu sein.

Den furchtbaren Kindern von Rostock und Wismar[4] wurde weisgemacht, dass der Antifaschismus in der Gesellschaft Ost[5] ein Patentrezept sei, so wie der Kapitalismus im Westen ein Patent für Gedächtnisverlust! Die Kinder wuchsen reglementiert auf und fielen in eine Freiheit, die ihnen niemand erklärte, womöglich – und das ist ein Menetekel für uns – niemand erklären wollte und konnte. So suchten sie, die Schwachgewordenen, ihre Feinde unter den Schwächsten, fanden ihre Parolen genau dort, wo die Väter und Großväter geschwiegen hatten. //

Ich rufe uns auf, im Namen Jacob Grimms! Uns Freie auf einem freien Boden. Nicht, dass wir alles verschenken könnten und wollten, aber wir haben eine Menge zu vergeben! Und ein Stück unserer Würde zu verteidigen. Ich rufe uns auf, Menschen Zuflucht zu geben, die verfolgt werden von Folterern, von Ideologen, von Totschlägern, vom Hunger. „Politisch Verfolgte genießen Asylrecht."

Sollte dieser Artikel gestrichen oder durch eine faule Floskel ersetzt werden, verliert Deutschland, das mühselig, aber gewiss nicht unglücklich wieder zusammengekommen ist, den Grund einer Geschichte, die uns in der Tat einigen könnte.

Wir gäben denen nach, die entweder fett in sich selber ruhen oder die mordlustig darauf warten, uns von rechts wegzuräumen.

Nein! Ich bitte Sie, erinnern Sie sich. „Deutscher Boden duldet keine Knechtschaft. Fremde Unfreie, die auf ihm verweilen, macht er frei."

(Frankfurter Rundschau, 5.10.1992)

---

[4] Rostock und Wismar: rechtsradikale Anschläge in deutschen Städten gegen Migranten, u. a. auch in R. und W.

[5] Antifaschismus in der Gesellschaft Ost: Ost-Widerstand gegen Faschismus/Nationalsozialismus in der ehemaligen DDR

Text 2

Bundeskanzlerin Angela Merkel

Statement nach dem Besuch der KZ-Gedenkstätte Buchenwald

(zusammen mit dem amerikanischen Präsidenten Barack Obama und den beiden ehemaligen jüdischen KZ-Häftlingen Elie Wiesel und Bertrand Herz, 5.6.2009. Der Besuch wird vom Fernsehen übertragen.)

Herr Präsident, meine Damen und Herren, an diesem Ort wurde 1937 ein Konzentrationslager errichtet. Nicht weit von diesem Ort liegt Weimar, ein Ort, an dem Deutsche wunderbare Beiträge zur europäischen Kultur geschaffen haben. Nicht weit also von dem Ort, an dem sich einst Künstler, Dichter und Denker trafen, herrschten hier, in diesem Lager, fortan Terror, Gewalt und Willkür.

Zu Beginn unseres gemeinsamen Besuchs der Gedenkstätte Buchenwald haben der amerikanische Präsident und ich vor dem Denkmal für alle Opfer gestanden. Wenn man eine Hand auf das Denkmal legt, spürt man, dass es erwärmt ist, erwärmt auf 37 Grad. Das ist die Temperatur eines Menschen, wenn er lebt. Hier aber war kein Ort des Lebens, hier war ein Ort des Todes.

Unfassbarkeit, Entsetzen – es gibt kein Wort, um unsere Empfindungen über das zu beschreiben, was so vielen Menschen hier und in den anderen Konzentrations- und Vernichtungslagern des nationalsozialistischen Terrors grausam widerfahren ist. Ich verneige mich vor allen Opfern.

Für uns Deutsche bleibt die quälende Frage nach dem „Warum?“: Warum konnte so etwas geschehen, warum konnte so etwas von Deutschland über Europa und die Welt gebracht werden? Uns Deutschen bleibt deshalb der unbedingte Wille, alles zu tun, dass so etwas nie wieder geschieht.

Am 25. Januar dieses Jahres haben die Präsidenten der Häftlingsverbände der Konzentrationslager ihr Vermächtnis der Öffentlichkeit übergeben. Dieses Vermächtnis schließt mit den Worten: „Die letzten Augenzeugen wenden sich an Deutschland, an alle europäischen Staaten und die internationale Gemeinschaft, die menschliche Gabe der Erinnerung und des Gedenkens auch in der Zukunft zu bewahren und zu würdigen. Wir bitten die jungen Menschen, unseren Kampf gegen die Nazi-Ideologie und für eine gerechte, friedliche und tolerante Welt fortzuführen, eine Welt, in der Antisemitismus, Rassismus, Fremdenfeindlichkeit und Rechtsextremismus keinen Platz haben sollen.“

Dieser Appell der Überlebenden formuliert die besondere Verantwortung, mit der wir Deutschen uns unserer Geschichte stellen müssen. Für mich sind am heutigen Tag deshalb drei Botschaften wichtig:

Zunächst möchte ich betonen: Wir Deutschen verstehen es als Teil unserer Staatsräson, die immerwährende Erinnerung an den Zivilisationsbruch durch die Shoah wachzuhalten. Nur so können wir unsere Zukunft gestalten. Ich bin deshalb sehr dankbar dafür, dass in dieser Gedenkstätte gerade auch der Dialog mit jüngeren Menschen im Mittelpunkt steht, durch Gespräche mit Zeitzeugen, durch Dokumentationen und durch ein breites Bildungsangebot.

Zweitens ist es sehr wichtig, die Erinnerung daran wachzuhalten, welch große Opfer erbracht werden mussten, um den Terror des Nationalsozialismus zu beenden und seine Opfer und alle Menschen von ihm zu befreien. Deshalb danke ich dem Präsidenten der Vereinigten Staaten von Amerika, Barack Obama, ausdrücklich dafür, dass er gerade diese Gedenkstätte besucht. Das gibt mir die Gelegenheit, an dieser Stelle noch einmal zu unterstreichen: Wir Deutschen werden nicht vergessen, dass wir die Chance zum Neuanfang, zu Frieden und Freiheit nach dem Krieg der Entschlossenheit, dem Einsatz und – ja, auch das – dem Blutzoll der Vereinigten Staaten und all derer zu verdanken haben, die an ihrer Seite als Alliierte oder Widerstandskämpfer standen.

Über eine auf die Zukunft gerichtete Partnerschaft konnten wir als Mitglied der internationalen Staatengemeinschaft wieder Fuß fassen. In dieser Partnerschaft lag schließlich auch der Schlüssel dafür, 1989 die schmerzliche Teilung unseres Landes und unseres Kontinents zu überwinden.

Wir gedenken heute der Opfer dieses Ortes. Dies schließt das Gedenken der Opfer des sogenannten „Speziallagers 2“ mit ein, des Internierungslagers, das die sowjetische Militäradministration hier von 1945 bis 1950 unterhielt. Darin erlagen viele Tausend Menschen den Strapazen unmenschlicher Haftbedingungen.

Drittens möchte ich hier in Buchenwald die Verpflichtung herausstellen, die für uns Deutsche aus unserer Vergangenheit erwächst: Wir treten ein für Menschenrechte, Rechtsstaatlichkeit und Demokratie. Wir gehen gegen Terror, Extremismus und Antisemitismus vor. Im Bewusstsein dieser Verantwortung setzen wir uns für Frieden und Freiheit ein, gemeinsam mit den Vereinigten Staaten von Amerika und unseren Partnern, Freunden und Verbündeten.

Ich danke Ihnen.

Zur Methode „Textvergleich“ s. S. 71.
Im Folgenden soll nach der Möglichkeit (a) vorgegangen werden: Beide Texte werden zunächst einzeln analysiert. Danach folgt als besonderer Teil ein Vergleich der beiden Texte.

Methode

Arbeitsschritte zur vergleichenden Analyse von Sachtexten (Möglichkeit (a), s. S. 71)

Analyse von Text 1 bzw. Text 2:
Schritt 1: Was sagt mir der Text?
Schritt 2: Was steht im Text? Wie erschließe ich mir den Text?
Schritt 3: Welche Redeabsicht verfolgt der Redner/die Rednerin? Wie ist die Rede zu beurteilen?
Vergleich der beiden Texte
Schritt 4: Wie gliedere ich meine Arbeitsergebnisse?
Schritt 5: Wie überarbeite ich meine Darstellung?

Text 1: Peter Härtling, Nein! (s. S. 23)

Arbeitsschritt 1: Was sagt mir der Text?

1. Verschaffen Sie sich durch überfliegendes Lesen des Redetextes einen ersten Überblick. Kreuzen Sie bei den folgenden Auswahlantworten an, was Sie für richtig halten.

- [ ] a) In dieser Rede wird vorwiegend informiert und ein Sachverhalt auf objektive und neutrale Weise dargestellt.
- [ ] b) Der Redner stellt auch seine eigenen Erfahrungen, Einstellungen und Gefühle dar.
- [ ] c) Es wird auch argumentiert.
- [ ] d) Der Redner appelliert an seine Zuhörer, er fordert zu etwas auf.
- [ ] e) Die Rede ist eine Fensterrede, sie wird vor dem deutschen Bundestag gehalten und vom Fernsehen übertragen.
- [ ] f) In der Rede werden bestimmte Einstellungen, Verhaltensweisen, Handlungen aufgewertet, andere abgewertet.
- [ ] g) Die Rede ist eine Feier- oder Festrede; sie verfolgt keinen bestimmten politischen Zweck, sondern sie wird gehalten, um jemanden zu ehren oder um an ein bestimmtes Ereignis zu erinnern.
- [ ] h) Die Rede wendet sich an Menschen, die Interesse an Büchern haben und die gelernt haben, sich ihre eigene Meinung zu bilden.
- [ ] i) Die Rede verfolgt eine politische Intention.

2. Kontrollieren Sie Ihre Antworten im Lösungsheft; schreiben Sie danach Ihre Ergebnisse in einem knappen zusammenhängenden Text auf.

Nach einem schnellen überfliegenden Lesen des Textes komme ich zu folgenden ersten Ergebnissen:

③ Geben Sie auf die folgenden W-Fragen jeweils eine knappe Antwort.

a) **Wer** ist der Redner?

b) **Wann** wurde die Rede gehalten?

c) **Wo, bei welcher Gelegenheit** wurde sie gehalten?

d) **Welche Zuhörer** spricht er an?

e) Was ist der **Anlass** der Rede?

f) **Welche Redemittel** sind Ihnen nach dem ersten überfliegenden Lesen aufgefallen?

Arbeitsschritt 2: Was steht im Text? Wie erschließe ich mir den Text?

Im Folgenden soll der Text in linearer Weise bearbeitet werden. Lesen Sie den Text dazu noch einmal sehr genau.

① Wie ist der Redetext gegliedert?
Die Inhaltsabschnitte der Rede sind im Redetext durch folgendes Zeichen gekennzeichnet: //. Formulieren Sie am Rand stichwortartig, worum es im jeweiligen Abschnitt geht und welche rhetorische Strategie jeweils verfolgt wird.
Beispiel: 1. (Z. 1–11): Redeeinleitung; Aufmerksamkeit der Zuhörer erreichen

② Markieren Sie Anlass und zugleich Thema der Rede.

③ Welchem Grundtyp lässt sich die Rede zuordnen? Orientieren Sie sich mithilfe des folgenden Info-Kastens.

Information

Grundtypen der Rede

Im Sinne der **antiken Rhetorik** unterscheidet man drei Grundtypen der öffentlichen Rede:

- die **argumentative** Form der Rede, bei der die argumentative Auseinandersetzung mit einem Thema im Vordergrund steht,
- die **Feierrede**, Festrede, Erinnerungsrede,
- die **Rede vor Gericht**: Anklage oder Verteidigung.

Im Sinne des **Kommunikationsmodells** von Karl Bühler lassen sich folgende Redetypen unterscheiden:

- **Darstellung**: darstellende Reden, in denen Sachverhalte im Vordergrund stehen (Referat, wissenschaftlicher Vortrag),
- **Ausdruck**: expressive Reden, in denen Gefühle und Befindlichkeiten des Redners im Mittelpunkt stehen (Feierrede, Trauerrede),
- **Appell**: appellative Reden, in denen die Zuhörer unmittelbar angesprochen und zu etwas aufgefordert werden.

(4) Weisen Sie Redemittel und rhetorische Figuren nach, die in dieser Rede vor allem gebraucht werden. Markieren Sie diese im Text (s. Beispiele). Nennen Sie die möglichen Wirkungen einzelner rhetorischer Mittel, z. B.: anschaulich, eindringlich, spannend, zum Widerspruch reizend, ...

____

____

____

____

____

____

Information

Redemittel

- antithetische Ausdrucksformen
- Beispiele
- eigene Erfahrungen
- sprachliche Redewendungen
- sprachliche Stilarten
- wertende Adjektive
- „wir"-Perspektive
- rhetorische Figuren, zum Beispiel
  - Anapher
  - Ironie
  - Metapher
  - Parallelismus
  - Reihung, Worthäufung
  - Vergleich
  - Wiederholung

Rhetorische Strategien/ Zielsetzung

- Abwertung gegnerischer Ansichten
- Appell
- Aufwertung der vom Redner vertretenen Ansichten
- Beschwichtigung
- Aufbau einer Gruppenidentität
- Kanalisierung der Publikumsmeinung

Arbeitsschritt 3: Welche Redeabsicht verfolgt der Redner/die Rednerin? Wie ist die Rede zu beurteilen?

(1) Um welche Absicht geht es dem Redner? Wovon will er seine Zuhörer überzeugen? Geben Sie eine knappe Erläuterung.

____

____

(2) Welche Gründe könnte der Redner dafür haben, dass er geschichtliche Zusammenhänge einbezieht?

(3) Nennen Sie die positiven Wertvorstellungen, die der Redner seinen Zuhörern vermitteln möchte.

(4) Formulieren Sie eine knappe persönliche Beurteilung.

Text 2: Bundeskanzlerin Angela Merkel: Statement nach dem Besuch der KZ-Gedenkstätte Buchenwald, zusammen mit dem amerikanischen Präsidenten Barack Obama (5.6.2009)

Arbeitsschritt 1: Was sagt mir der Text?

(1) Verschaffen Sie sich durch überfliegendes Lesen einen Überblick über den Text. Beantworten Sie in knapper Weise die folgenden Arbeitsaufgaben.

- Wer ist die Rednerin? Für wen spricht sie?

- Welche Redeart, welchen Grundtyp (s. S. 29), repräsentiert die Rede?

- Wer sind die Zuhörer?

____

____

- Kennzeichnen Sie die Redesituation.

____

____

____

____

Arbeitsschritt 2: Was steht im Text? Wie erschließe ich mir den Text?

1. Bestimmen Sie den Aufbau der Rede (drei Teile), indem Sie die Zeilen angeben.
   - Redeeinleitung: Z. ______________________
   - Hauptteil: Z. ______________________
   - Schlusssatz: Z. ______________________

2. Schreiben Sie die Äußerung heraus, mit der die Kanzlerin im ersten Teil ihrer Erinnerungsrede der Opfer des nationalsozialistischen Terrors gedenkt und ihr Andenken ehrt.

____

____

____

3. Schreiben Sie in knapper Form die drei Botschaften auf, die von der Kanzlerin im weiteren Verlauf ihrer Rede genannt werden.

____

____

____

____

____

4. Kennzeichnen Sie den Sprachstil und sprachlich-rhetorische Wirkungsmittel. Nennen Sie wenigstens jeweils ein Beispiel:
   - gehobener Sprachstil/Aufwertungswörter: ______________________
   - rhetorische Frage: ______________________
   - Alliteration: ______________________
   - Reihungen/Worthäufungen: ______________________
   - Wir-Form: ______________________

Arbeitsschritt 3: Welche Redeabsicht verfolgt die Rednerin? Wie ist die Rede zu beurteilen?

(1) Ergänzen Sie die folgenden Hinweise.

- Gedenken ______
- Dank ______
- Hinweis ______
- Verpflichtungen ______

(2) Formulieren Sie eine knappe persönliche Beurteilung der Rede.

______

______

______

______

______

______

Textvergleich von Text 1 und Text 2

(1) Vergleichen Sie die beiden Texte. Sie können dabei die Erkenntnisse nutzen, die Sie bei der Analyse der Reden (Arbeitsschritte 1–3, s. S. 27 ff.) gewonnen haben.

	Rede 1	Rede 2
Redner/Rednerin		
inhaltlicher und historischer Bezug		
Art der Rede/Redetyp		
Redesituation (Zeitpunkt, Ort, Anlass)		
Zuhörer		
zentrale rhetorische Mittel		
Absicht		
persönliche Beurteilung der Rede		

Arbeitsschritt 4: Wie gliedere ich meine Arbeitsergebnisse?
Arbeitsschritt 5: Wie überarbeite ich meine Darstellung?

(1) Als Vorbereitung für die Ausformulierung ist es besonders hilfreich, eine Gliederung zu erstellen.
Ergänzen Sie die folgende Gliederung; beziehen Sie sich dabei auf die Analyse-Ergebnisse zu den beiden Texten.

1 Einleitung
2 Hauptteil
2.1 Text 1
2.1.1 Inhalt/Thema
2.1.2 Redner und Redesituation
2.1.3 ____________________
2.1.4 ____________________
...
2.2 Text 2
2.2.1 ____________________
2.2.2 ____________________
2.2.3 ____________________
...
2.3 Vergleich
...
3 Schlussteil (wenn notwendig)

(2) Markieren Sie in dem folgenden Ausschnitt aus dem Hauptteil einer Schülerarbeit sinnvolle Inhaltsabschnitte. Verwenden Sie dazu jeweils das folgende Zeichen: //.

[...] Ich gehe im folgenden Hauptteil meiner Redeanalyse zunächst auf einzelne Kernaspekte ein, um danach nach der Absicht und Wirkung der Rede zu fragen. Ich wähle als Analysemethode ein lineares Vorgehen. Entsprechend gehe ich zunächst auf den Redebeginn ein. Von Anfang an versucht der Redner, seine Zuhörer einzubeziehen, ja ihre Aufmerksamkeit zu fesseln; er spricht nämlich vom „Elend unserer Geschichte“ (Z. 1); dieser Ausdruck dürfte die Zuhörer zunächst schockieren. Dadurch dass er von der „zwiefachen deutschen Geschichte“ spricht, versucht er, auch Zuhörer aus den neuen Bundesländern anzusprechen bzw. die Aktualität (zwei Jahre seit der „Wende“) einzubeziehen. Der Redner beginnt seine Rede mit „Ich“; dadurch bringt er von Anfang an besonders deutlich seine eigene Person mit ein. Die anaphorischen Satzanfänge „Ich stehe hier, um ...“ wirken besonders eindringlich, ebenso (aber wohl auch schockierend) die negativ konnotierte Worthäufung „ein Bündel von Verdrängungen, Feigheiten, Aggressionen, Fresssüchten“ (Z. 4ff.). Im zweiten Teil seiner Redeeinleitung erhält diese einen leichten antithetischen Zug („Ein paar Sätze dagegen“, Z. 7). Hier soll offenbar dem „Elend unserer Geschichte“ (Z. 1) etwas Positives gegenübergestellt werden. Der Redner geht an dieser Stelle auch auf Situation und Ort seiner Rede ein: „Hier zwischen ungezählten Büchern [...]" (Z. 8 f.); er will damit vielleicht den Zuhörern signalisieren, dass er diese als interessiert und bildungsbewusst einschätzt. Im Folgenden (Z. 12 bis Z. 55) geht der Redner, indem er eine „Geschichte" erzählt (vgl. Z. 3, Z. 45, Z. 61), zunächst auf die demokratische Tradition von 1848 (insbesondere Jacob Grimms abgelehnten Antrag als eine Vorform eines Asylrechtsartikels) ein, um danach – im Sinne eines „Kontrastprogramms" – auf das Jahr 1945 und die Verirrungen durch die Nazi-Diktatur (nazistische „Vorredner", „Anverwandler", Z. 41 ff.) und schließlich auf das Grundgesetz von 1949 und den Asylparagrafen Artikel 16 zu sprechen zu kommen. Danach wird, im Zentrum der Rede, das Thema und zugleich der Anlass der Rede formuliert: „Er [der Asylparagraf] soll jetzt, nach dreiundvierzig Jahren Verfassungswirklichkeit, zerredet und gestrichen werden" (Z. 56 f.). Es schließt sich der Argumentationsteil der Rede an. Peter Härtling wendet sich mit einem expressiv vorgetragenen Aufruf an seine Zuhörer, diesem „demütigenden [...] Vorsatz" (Z. 61 f.) zu widersprechen. Dabei kommt er noch einmal auf Jacob Grimm zurück und die Signalausdrücke „Freie auf einem freien Boden" (Z. 84 f.) sowie auf den Artikel 16 des Grundgesetzes: „Politisch Verfolgte genießen Asylrecht." (Z. 90). Am Ende seiner Rede gibt der Redner ein Fazit: Er schließt mit einer Bitte an seine Zuhörer, sich an den Antrag Jacob Grimms zu erinnern: „Deutscher Boden duldet keine Knechtschaft." Nach dieser Darstellung von Inhalt/Schwerpunktthema und Aufbau der Rede gehe ich im Folgenden auf den Grundtyp dieser Rede sowie auf die besonderen Redemittel und deren Wirkung ein. Die Rede zeigt besonders deutlich expressive Züge; der Redner bringt in engagierter Form seine Gefühle und Überzeugungen und seine eigenen Erfahrungen mit ein. Er beginnt die Rede mit „Ich stehe hier ...", er macht sich später zum Sprecher seiner Zuhörer („Ich rufe uns auf [...]", Z. 84). Der appellative Charakter wird deutlich in der direkten Ansprache seiner Zuhörer („Ich bitte Sie, erinnern Sie sich", Z. 99); der argumentative Charakter zeigt sich vor allem im Mittelteil, insbesondere durch den Bezug auf die unterschiedlichen historischen Zusammenhänge und die rechtsradikalen Anschläge der Gegenwart. Hervorstechend unter den Redemitteln sind vor allem die antithetischen Zusammenhänge. Dem (abgelehnten) Antrag Jacob Grimms von 1848 und dem (nicht abgelehnten Artikel) im Grundgesetz von 1949, in denen besonders die Signalausdrücke „frei sein", „Volk von Freien", „Freie auf freiem Boden", „Da öffnet sich ein Tor" hervorgehoben sind, werden gegensätzliche Verhaltensweisen und Einstellungen gegenübergestellt:

- „Bündel von Verdrängungen, Feigheiten, Aggressionen, Fresssüchten, Anmaßungen und Egoismen" (Z. 4 ff.),
- „biedere, ideologisch verengte Heimat" (Z. 23),
- „nazistische Vorredner", „Patentdemokraten", „bußfertige Christen", „Anverwandler" (Z. 41 ff.),

- „Ihr Verdränger, Ihr Vergesslichen! […] Ihr […] Egoisten!“ (Z. 63 f.),
- „Den furchtbaren Kindern von Rostock und Wismar“ (Z. 74),
- „verfolgt […] von Folterern, von Ideologen, von Totschlägern“ (Z. 88 f.),
- „die entweder fett in sich selber ruhen oder die mordlustig darauf warten, uns von rechts wegzuräumen“ (Z. 96 ff.),

[…]

(3) Kennzeichnen Sie mit einem farbigen Textmarker
- Ausdrücke zur sprachlichen Gliederung des Textes (Gliederungssignale) und Strukturwörter zur Erhöhung der sprachlichen Kohärenz und Stringenz des Textes,
- Formulierungen zur Leserhilfe/Leserführung.

Orientieren Sie sich an der folgenden Übersicht.

Information

a) Gliederungssignale und ihre Aufgaben im Text

Gliederungssignale	Funktion
als Erstes, zuerst, zunächst, 1., 2., 3. …, schließlich, als Letztes, …	hierarchische Abfolge nach der Bedeutung
später, im Jahre …, danach, seit dem Jahre …, …	chronologische Abfolge
darüber hinaus, außerdem, sowie, schließlich, auch, …	Erweiterungen

b) Konnektoren

Zu den sprachlichen Konnektoren/Kohärenzsignalen/ Strukturwörtern im Text zählen:	Diese verweisen auf eine bestimmte Funktion im Satz:
weil, denn, deshalb, darum	Begründung
bevor, als, nachdem, während	zeitliche Information
falls, wenn, je nachdem, ob, sofern	Bedingung
folglich, infolgedessen, das hat zur Folge, sodass, also	Folge, Wirkung
aber, jedoch, wenn auch, allerdings, obwohl, obgleich, trotz	Gegensatz; Einschränkung
damit, auf dass, um … zu (mit Infinitiv)	Absicht
entweder … oder, dies oder das, sei es … sei es	Alternative
einerseits … andererseits, nicht nur … sondern auch	Gegenüberstellung
zum Beispiel, beispielsweise	Beispiel
das heißt (d. h.), also, dies, wobei	Erläuterung
und, sowie, außerdem	Aufzählung, Reihung
vergleicht man …, so, ebenso … wie, als ob, wie, als	Vergleich

c) Leserführung und Leserhilfe

Zur **Leserführung** und als **Leserhilfe** können zum Beispiel Formulierungen eingesetzt werden wie die folgenden: Ich komme jetzt zu …; Im Folgenden gehe ich auf … ein; Ich ziehe aus den bisherigen Überlegungen folgendes Fazit; …

(4) Wählen Sie einen anderen Abschnitt der Gliederung (s. S. 33) und formulieren Sie diesen aus; überarbeiten Sie Ihren ersten Entwurf. Vermeiden Sie häufige Fehler in Textanalysen und Erörterungen (s. Info-Kasten, S. 36).

Information

Häufig gemachte Fehler in Textanalysen und Texterörterungen

- Sachliche Fehler: Aussagen oder Fakten sind falsch oder werden falsch wiedergegeben.
- Fehlende Stringenz: Aufbau/Gliederung oder Gedankenführung sind nicht klar genug.
  Gliederungssignale oder Formulierungen zur Leserführung einsetzen; diese können helfen, einen Text zu strukturieren.
- Fehlende Kohärenz: Die Aussagen sind sprachlich nicht deutlich genug aufeinander bezogen oder miteinander verknüpft; es sollten sprachliche Konnektoren (s. o.) eingebaut werden.
- Fehlende Tiefe und Substanz: Die Darstellung enthält zu wenig eigene Gedanken. Paraphrasierung vermeiden; Inhalt des Textes darf nicht nur „umgedreht" und mit eigenen Worten wiedergegeben werden.
- Zu viele Wiederholungen, Redundanz: Vermieden werden sollte eine unnötig breite Darstellung von Selbstverständlichkeiten.
- Ausdrucksmängel, fehlende Präzision im sprachlichen Ausdruck: Es kann u. a. an der nötigen Fachkenntnis und an Fachbegriffen fehlen.
- Stilmängel, Verstöße gegen schriftsprachliche Normen: Verlegenheits- und Füllwörter sowie umgangssprachliche Formulierungen sollten vermieden werden.

Verfassen eines Kommentars auf der Grundlage eines Sachtextes

Aufgabenstellung

1. Verfassen Sie eine gegliederte Inhaltsangabe zu dem Text von Cathrin Kahlweit, in der auch die Argumentationsstruktur des Textes und die Aussageabsicht der Autorin verdeutlicht werden.

2. Verfassen Sie, anknüpfend an die Ergebnisse aus Aufgabe 1 und unter Einbeziehung der weiteren Materialien, einen Kommentar zum Thema „Sinnvolle Computernutzung für Jugendliche". Wählen Sie dazu eine passende Überschrift.

Hinweise zur Aufgabenstellung

Gefordert ist eine **zweigliedrige Darstellung**. Die inhaltliche Zusammenfassung der Argumentation hat den Text von Cathrin Kahlweit zum Gegenstand.
Die weiteren Materialien sind für eine **Stoffsammlung** auszuwerten. Als **Einleitung** ist eine Hinführung zum Thema erforderlich. Es folgt der **Kommentar** als eigenständiger Textblock **mit einer passenden Überschrift**. Entsprechend ist eine zweiteilige Gliederung zu verfassen. Der Kommentar (s. S. 13) verlangt eine inhaltlich und sprachlich anspruchsvolle eigenständige Gestaltung, bei der auf die Materialien zurückgegriffen werden soll. Eine die Materialien paraphrasierende Darstellung entspricht nicht den Anforderungen. Der Kommentar darf auch eine **essayistische Form** haben. Beim essayistischen Schreiben geht es in der Regel um eine **offene, assoziativ-lockere und subjektive Form des Schreibens**.
Es kommt weniger darauf an, den Leser mit wissenschaftlich gesicherten, „objektiven" Ergebnissen und schlüssiger Argumentation zu konfrontieren, sondern es geht eher darum, **Denkanstöße beim Leser auszulösen**; es geht um assoziative Gedankenexperimente, die interessant, vorläufig und subjektiv sind.
Der Essay verlangt **keine fest umrissene Textart**; er bietet einen großen **Spielraum von Gestaltungsmöglichkeiten und persönlichen Stilnoten**, z. B. ironisch, bildhaft, aphoristisch, pointiert, ...

Stil und Art der Gestaltung sind jedoch **anspruchsvoll**; sie sind auf Wirkung und Überraschung beim Leser bedacht. Daher arbeitet ein essayistischer Schreiber nicht selten mit sprachlichen Bildern und anschaulichen Beispielen. Allgemeinplätze sowie Klischees müssen vermieden werden.

Material 1

Cathrin Kahlweit

Wer im Computer lebt

Tatort Emsdetten 2006: Der 18-jährige Sebastian B. hat sich vor seinem Amoklauf über Jahre im Internet verloren. Er surfte stundenlang am PC; spielte, mailte, suchte Rat, lebte dort seine Gewaltvisionen aus. Haben seine Eltern das gewusst, aber geschwiegen? Tatort Erfurt 2002: Der Amokläufer Robert S. hat mehr oder minder im PC gelebt, vor allem in Ego-Shooter-Spielen, mit denen er das Töten übte. Seine Familie hat es gewusst, und sie hat resigniert geschwiegen. Von beiden jungen Männern war bekannt, dass sie ihre blutrünstigen Fantasien, aber auch ihre Verzweiflung nur im Netz zeigten. Die Frage nach dem Warum wurde erst hinterher gestellt.

Resignation scheint den Umgang mit der exzessiven Nutzung des Internets zu dominieren: Da sind die Chatforen und PC-Spiele, die Millionen schillernder Webseiten, die zur Selbstdarstellung oder zum Voyeurismus[1] verleiten; da ist auf der anderen Seite das immense Angebot an Wissen und Wissenswertem. Vor allem Schulen rufen immer lauter um Hilfe: „Kinder und Jugendliche im Internet – Gefahren, die keiner kennt“ heißt eine Veranstaltung, die derzeit bayerischen Eltern angeboten wird; wegen „großer Hilflosigkeit“ veranstaltete unlängst ein Berliner Gymnasium einen Abend zum Thema Internet. Die Bilder gleichen sich landauf, landab: Da sitzen ratlose Erwachsene beisammen, die Spiele wie „Counter-Strike“ vom Hörensagen kennen und nur ansatzweise wissen, was ein „offener Chatroom“ ist, und berichten sich gegenseitig von ihrer Sorge, von Kindern, die Stunde um Stunde am Computer sitzen, immer schlechtere Noten nach Hause bringen, sich aus ihrem persönlichen Umfeld zurückziehen. Psychologen und Polizisten, die zurate gezogen werden, schlagen vor, „den Computer auch mal auszumachen“, mit den Kindern gemeinsam jugendgerechte Spiele zu spielen, begrenzte Computernutzungszeiten festzulegen und über die Gefahren zu reden; denn es drohen Realitätsverlust und Kontaktarmut. Das ist eigentlich banal, Klippschule der Familienarbeit. Doch auch kritische Eltern fühlen sich schnell überfordert, technisch nicht ausreichend gewappnet, in diesem Bereich der Jugendkultur nicht zu Hause. Sie führen ihre Skepsis auf einen Generationskonflikt zurück und trösten sich mit der Gewissheit, dass ihre Kinder am Computer fürs Leben lernen.

---

[1] Voyeurismus: Handlungsweise eines Voyeurs, der andere bei sexueller Betätigung (heimlich) beobachtet und dabei Befriedigung erlangt

Die unübersichtliche, unkontrollierbare Welt des Internets verführt dazu, eine ganz einfache Erziehungsaufgabe nicht mehr zu erfüllen: Nein zu sagen. Zwar werben Dutzende Ratgeber dafür, Grenzen zu setzen; doch der grenzüberschreitende Datenstrom wird wie eine Naturgewalt hingenommen. Die Gründe dafür mögen im wachsenden Verzicht auf Erziehung liegen; wer mag, kann das kulturpessimistisch oder stammtischgerecht als Schichtenproblem, als Sittenverfall werten. Aber die Sache ist komplizierter. Exzessive[2] Computernutzung ist nicht nur das Problem einer bildungsfernen Unterschicht. Und die Resignation vieler Eltern lässt sich nicht simpel umdeuten in die Unlust, sich mit dem Nachwuchs zu beschäftigen.

Die Gründe liegen vielmehr in einer verlogenen Diskussion. Die medienpolitische Debatte dreht sich allein um die Gefährlichkeit einzelner PC-Spiele und die Frage, ob sie zu Gewalttaten verleiten. Tatsächlich sind die Kriterien, nach denen die freiwillige Selbstkontrolle für Unterhaltungssoftware auf die Indizierung[3] blutrünstiger Spiele verzichtet, nicht nachvollziehbar. Aber die Fokussierung[4] auf einzelne Spiele bedeutet gleichzeitig den Verzicht auf grundlegendere politische und pädagogische Fragen. Wer diese stellt, gilt wahlweise als reaktionär, politisch inkorrekt oder uncool. Untersuchungen belegen, dass insbesondere bei Jugendlichen zwischen 14 und 19 die Gefahr groß ist, in die Welt des PC ein- und aus dem realen Leben auszusteigen; 16 Prozent gelten als computersuchtgefährdet, 3,5 Prozent spielen mehr als 35 Stunden wöchentlich. Wer einen eigenen PC im Kinderzimmer hat, ist schlechter in der Schule, wer ausdauernd Computerspiele spielt, schafft es seltener aufs Gymnasium. Wer viele Stunden in Chatforen kommuniziert, verlernt das direkte Gespräch. Wer in den Video-Welten fremder Leben surft, erlebt nichts mehr selbst. Mehr noch als ausdauernder Fernsehkonsum ersetzt die Virtualität des Netzes eigene Aktivitäten, eine eigene Identität. Warum aber erkennen Krankenkassen Computersucht nicht als Krankheit an? Warum wird zwar in den Kampf gegen Alkohol und Zigaretten, Übergewicht und Analphabetismus, nicht aber in die Aufklärung über die Gefahren exzessiver Computernutzung investiert? Warum interessiert sich die Forschung nur marginal[5] für die Selbstaufgabe im Netz? Ein frustrierter Psychiater, der sich lange Jahre mit Online-Sucht befasst hat, stellt bedauernd fest, man habe sich an die Computer gewöhnt wie ans Autofahren. Aber auch Autofahren muss man lernen. Nicht Spielehersteller, nicht Webmaster, nicht die Zwänge der modernen Welt sind schuld, wenn Jugendliche im Computer leben. Eltern, die das verhindern wollen, ziehen den Stecker. Damit bricht – nur – eine virtuelle Welt zusammen.

(Süddeutsche Zeitung, 21.11.2006, S. 4)

---

[2] exzessiv: maßlos
[3] Indizierung: Verbot
[4] Fokussierung: hier: Konzentration
[5] marginal: beiläufig, nebensächlich

Material 2
Clifford Stoll

Log out

Glaubwürdigkeit und die Fähigkeit, Vertrauen zu vermitteln, konnte man noch nie aus dem Internet beziehen, und auch in hundert Jahren wird man die Fähigkeit, mit Leuten umzugehen, nicht am Computer lernen können. Ganz im Gegenteil: Die Stunden, die man im Internet surft, sind Stunden, in denen unsere Fähigkeiten, mit anderen umzugehen, eher verkümmern. Wer eine Welt mit voneinander isolierten Menschen will und eine Gesellschaft, in der die Menschen nicht miteinander auskommen, für den ist es das Beste, die Kinder in den Cyberspace abzuschieben und ihnen zu sagen, sie sollen nur noch elektronisch miteinander Kontakt aufnehmen. Heute wird kaum jemand entlassen, weil er nicht gut genug mit Computern umgehen kann, man verliert seinen Job eher, weil man mit den Kollegen nicht klarkommt. Wie heute werden auch die Jobs in der Zukunft ihre Fähigkeiten erfordern und in jeder Minute, die wir an der Tastatur sitzen, verkümmern diese Fähigkeiten.

(2001)

Material 3
Rolf Dressler

Hohlwort „Medienkompetenz“

Solche menschenverachtend brutalen Machwerke [wie „Killerspiele“] fördern die Entwicklung von Aggressivität, Hass und Wut und lösen Rachegefühle aus – fatale Antriebsfedern für schwere Körperverletzungen an völlig Unschuldigen und Wehrlosen jedes Alters bis hin zu Geiselnahmen und blindwütigen Massakern in Schulen. Eigentlich hätte es dieser wahrlich bedrückenden jüngsten Erkenntnisse schon gar nicht mehr bedurft. Doch die Ergebnisse der Befragungen von 653 bayerischen Hauptschülern durch den Tübinger Universitätsprofessor Günter L. Huber, Dr. Werner H. Hopf von der Schulberatung Oberbayern/Ost sowie Dr. Rudolf H. Weiss vom Oberschulamt Stuttgart lassen sich ebenso wenig kleinreden wie die nicht minder erschütternde Zwei-Jahre-Studie des Kriminologischen Forschungsinstituts Niedersachsen unter Leitung von Prof. Christian Pfeiffer: Kinder, die bereits als Zweit- und Drittklässler regelmäßig exzessive Gewalt in Computer-„Spielen“ inhalieren, neigen mindestens dreimal häufiger zu handfester Gewalttätigkeit als Kinder, die mit derlei Brutal-„Spielen“ oder -Videofilmen nichts im Sinn haben.

Da ist es wohl kaum zu weit hergeholt, wenn man kritisch auf die enormen psychischen und sozialen Folgeschäden des Mediengewalt-Konsums bei Kindern und Jugendlichen hinweist. Fünf-, 15- und 25-Jährige sitzen Stunden, Tage und Nächte vor Computern und Spielekonsolen, ergötzen sich in „Spielen“ wie Counter-Strike, Doom 3, Call of Duty, Halo 3, Crysis oder Grand Theft Auto 4 etc., etc. an systematischen Tötungsorgien, demütigen, foltern, verstümmeln,

erschießen, zerfetzen und zersägen Menschen wie am Fließband. Und die gigantische Wachstumsindustrie? Sie entlehnt ihre Killer„spiele" praktischerweise den virtuellen Kriegstrainingsprogrammen des US-Militärs.
Angesichts dieser Perversion aber bleibt alles Beschwören einer „Medienkompetenz", die doch vor allem junge Menschen erwerben müssten, letztlich hohles Schlagwortgerede.
(Westfalenblatt, Nr. 68/2009)

Methode

Arbeitsschritte für das Verfassen eines Kommentars auf der Grundlage eines Sachtextes

1. Schritt: Aufgabenstellung klären
2. Schritt: Inhalt, Argumentationsstruktur und Aussageabsicht des zentralen Textes (Material 1) verdeutlichen
3. Schritt: Die weiteren Materialien durcharbeiten, Thesen und Argumente für einen Kommentar finden
4. Schritt: Eine zweigeteilte Gliederung für den Hauptteil erstellen; dabei auch die weiteren Materialien nutzen
5. Schritt: Gliederung ausformulieren und ersten schriftlichen Entwurf überarbeiten

Arbeitsschritt 1: Aufgabenstellung klären

(1) Kreuzen Sie an, was in der Aufgabenstellung gefordert ist.

- ☐ a) Detaillierte Analyse eines Sachtextes
- ☐ b) Darstellung von Inhalt, Aussageabsicht und Argumentationsansatz des zentralen Textes
- ☐ c) Verfassen eines inhaltlich und sprachlich eigenständigen Kommentars
- ☐ d) Inhaltliche Zusammenfassung der einzelnen Materialien
- ☐ e) Systematische Analyse der einzelnen Materialien
- ☐ f) Erstellung einer Gliederung
- ☐ g) Verfassen eines ausführlichen Kommentars
- ☐ h) Auswertung der Materialien für den eigenen Kommentar
- ☐ i) Finden einer eigenen Überschrift für den Kommentar

Arbeitsschritt 2: Inhalt, Aussageabsicht und Argumentationsstruktur des zentralen Textes (Material 1) verdeutlichen

(1) Wie ist der Text aufgebaut? Kennzeichnen Sie im Text die Abschnitte durch das folgende Zeichen: //. Nummerieren Sie die Abschnitte und geben Sie diesen eine Überschrift.

(2) Kennzeichnen Sie durch Markierungen und Randnotizen
- die angesprochenen möglichen Ursachen für die Taten der Amokläufer in der Einleitung,
- die Hauptthesen im Hauptteil.

(3) Bestimmen Sie die Aussageabsicht; worum geht es der Autorin?

(4) Fassen Sie den Text inhaltlich so zusammen, dass die Hauptthesen der Autorin deutlich werden. Berücksichtigen Sie die Hinweise für eine strukturierte Inhaltsangabe eines Sachtextes im Info-Kasten. Schreiben Sie ggf. den im Lösungsheft abgedruckten Anfangsteil weiter.

Information

Inhaltsangabe eines Sachtextes

Es geht bei der Zusammenfassung eines Sachtextes um eine teils informative, teils erklärend-argumentative Darstellung. Zusammengefasst wird in der Tempusform *Präsens*. Wichtig ist es, sich vom Wortlaut des Textes zu lösen und diesen im Sinne einer analytischen Distanz mit eigenen Worten wiederzugeben. Zentrale Zitate können in die Zusammenfassung eingebaut werden; eine bloße Paraphrasierung muss jedoch vermieden werden.
Die Fähigkeit, eine inhaltliche Zusammenfassung eines komplexen Sachtextes erstellen zu können, ist Voraussetzung für jede Analyse und Erörterung. Da fremde Gedanken wiedergegeben werden, muss dies im Text durch entsprechende sprachliche „Distanzmittel" zum Ausdruck gebracht werden, entweder
- durch den Konjunktiv: Der Verfasser meint, dies *sei* deshalb notwendig, weil ...
- oder durch Formulierungen wie: Dies – *so behauptet der Verfasser* – ist deshalb notwendig, weil ...; *Der Verfasser meint*, dass dies notwendig ist, weil ...

Zur Sprache in Inhaltszusammenfassungen:
Wichtig für die Struktur des Textes sind vor allem sprachliche Konnektoren, hinweisende Ausdrücke und Formulierungen, die eine Gliederungshilfe im Text darstellen, z. B.: *dies, außerdem, darüber hinaus, jedoch, aber, schließlich.*
Die logische Verknüpfung von Abschnitten und Sätzen wird am besten durch hypotaktischen Satzbau (Satzgefüge) zum Ausdruck gebracht. Auch unterschiedliche Ausdrücke des Sagens und Sprechens helfen, sich vom Wortlaut des Textes zu lösen und die Zusammenhänge zu strukturieren, z. B.: *Er/der Verfasser/der Autor ... stellt dar/erklärt/hebt hervor/bemerkt/fasst zusammen/beruft sich/behauptet/betont/lässt keinen Zweifel daran, ...*

Gegliedert werden kann die Zusammenfassung in folgender Weise:
Einleitung
Verfasser, Titel, Art des Sachtextes, knapper Hinweis auf Inhalt/Thematik
Hauptteil
- Um welche Problematik/welchen Inhalt/welche Thematik geht es (detaillierte Darstellung)?
- Wie ist der Inhalt gegliedert?
- Welche Absicht verfolgt der Verfasser (vorwiegend Information? Appell? Argumentation?)?
- Wer ist der mögliche Adressat des Textes? Für wen könnte der Text von Interesse sein?

Schlussteil
Möglich sind:
- knapper Ausblick,
- knappe Beurteilung des Textes.

Arbeitsschritt 3: Die weiteren Materialien durcharbeiten; Thesen und Argumente für einen Kommentar sammeln

(1) Bearbeiten Sie die Materialien 2 und 3 (S. 39 f.). Kreuzen Sie jeweils an, was Ihrer Meinung nach für den Inhalt des jeweiligen Textes zutreffend ist.

Text 2

☐ a) Es kommt insbesondere darauf an, miteinander umzugehen und miteinander auszukommen.

- ☐ b) Es wird heute in Schule/Beruf vorausgesetzt, dass man miteinander umgehen kann.
- ☐ c) Glaubwürdigkeit und die Fähigkeit, Vertrauen zu vermitteln, sind heute besonders wichtig.
- ☐ d) Wer im Beruf mit dem Computer nicht umgehen kann, verliert seinen Job.
- ☐ e) Wichtige menschliche Fähigkeiten lassen sich nicht im Internet erlernen.
- ☐ f) Der Umgang mit dem Computer ist eine Technik, die man beherrschen sollte, mehr aber nicht.

Text 3

- ☐ a) Wesentlich ist es, bei Heranwachsenden eine Medienkompetenz aufzubauen.
- ☐ b) Mediengewalt-Konsum bei Kindern und Jugendlichen kann enorme psychische und soziale Folgeschäden haben.
- ☐ c) Gewaltspiele gehen zurück auf Kriegstrainingsprogramme des US-Militärs.
- ☐ d) Kinder, die bereits im frühen Alter mit Gewaltspielen konfrontiert werden, neigen häufiger zur Gewalttätigkeit als andere Kinder.
- ☐ e) Computerspiele werden oft wie eine Droge konsumiert.
- ☐ f) Nicht nur „Killerspiele" fördern die Entwicklung von Aggressivität, sondern auch Gewaltdarstellungen in Fernsehfilmen.

Arbeitsschritt 4: Eine zweigeteilte Gliederung erstellen; dabei auch die weiteren Materialien nutzen

(1) Ergänzen Sie das folgende Gliederungsbeispiel durch weitere Punkte. Achten Sie bei der Formulierung auf Einhaltung des Nominalstils.

1. Einleitung: Hinführung zum Thema

2. Hauptteil
2.1 Inhalt des Textes von Cathrin Kahlweit (Material 1)
2.1.1 Aktuelle Ereignisse: Amoklauf Jugendlicher
2.1.2 Resignation, Ratlosigkeit, Überforderung von Eltern und Schule
2.1.3 Wichtige Erziehungsaufgabe: Aussprechen von Verboten
2.1.4 ____________________
2.1.5 ____________________
2.1.6 ____________________
…
2.2 Kommentar mit dem Titel „Umgang mit dem Computer – eine Technik, und mehr nicht"
2.2.1 Computerkompetenz als selbstverständliche Voraussetzung in der heutigen Zeit
2.2.2 Exzessive Computernutzung als Problem
2.2.2.1 Computerspiele und Aggression
2.2.2.2 Computernutzung und Realitätsentfremdung
2.2.2.3 Computer und Onlinesucht
2.2.2.4 ____________________
2.2.2.5 ____________________
2.2.3 Mögliche Konsequenzen
…

Arbeitsschritt 5: Gliederung ausformulieren; ersten Entwurf überarbeiten

1. Ordnen Sie den folgenden Auszug aus einem Schülerentwurf der Gliederung (s. S. 42) zu. Begründen Sie Ihre Zuordnung.

___

___

___

___

___

___

___

[...] Fest steht für mich trotz unterschiedlicher Theorien: Es gibt eine Wirkung von Medien auf die Persönlichkeit. Allerdings muss man differenzieren: Einen Zusammenhang zwischen dem Konsum von Spielen und einer erhöhten Gewaltbereitschaft gibt es nur bei einer bestimmten Gruppe von Jugendlichen, die meist aufgrund ihrer Sozialisation eine stärkere Neigung zu Aggressionen haben und die nicht gelernt haben, mit Konfliktsituationen aggressionsfrei umzugehen bzw. diese verbal zu lösen. Dann kann man sicher von einer Wechselwirkung sprechen: Jugendliche mit aggressiver Neigung bevorzugen solche Spiele – aggressive Spiele erhöhen zugleich die Aggressivität.
Die Situation von Heranwachsenden hat sich gegenüber früheren Generationen stark verändert: Jugendliche, die mit *Gameboy* und *Multitask* aufwachsen, reagieren auf die Zunahme äußerer Reize mit einem Selbstschutzprogramm. Sie setzen ihre Reizschwelle herauf. Damit eine Empfindung, eine Reaktion des Gehirns zustande kommt, muss der Reiz heute viel stärker sein als in der Elterngeneration. Daraus kann Überforderung und Überlastung resultieren, vielleicht auch Aggression. Bisweilen wird der Vergleich mit Gewaltdarstellungen im Fernsehen bemüht.
Ich bin allerdings der Meinung, dass in Computerspielen, wo der Spieler selbst aktiv ist, Gewalt in intensiverer Form eingeübt wird als beim eher passiven Konsumieren von Gewaltdarstellungen in Fernsehfilmen.
Schließlich ist auch zur Genüge untersucht, dass die Schulleistungen umso schlechter werden, je brutaler die Inhalte von Computerspielen sind und je häufiger sie gespielt werden. Es ist offenbar so, dass Schulwissen durch die einprägsamen Bilder der Spiele verdrängt wird.
Meiner Meinung nach müssten Politiker bzw. Medieninstitutionen eingreifen, derartige Spiele vom Markt nehmen, ganz egal, wie stark die entsprechenden Lobbygruppen sind. Andernfalls untergräbt der Staat seine moralische Glaubwürdigkeit.

2. Wählen Sie einen anderen Punkt der Gliederung (S. 42) und führen Sie diesen aus. Nutzen Sie dazu ggf. Formulierungen im Info-Kasten auf S. 51.

Verfassen einer materialgestützten Erörterung

Aufgabenstellung
Verfassen Sie eine dialektische Erörterung zu der Frage „Ist das intensive Lesen von Büchern heute noch gefragt?".

Hinweise zur Aufgabenstellung
Die Materialien sollen die erörternde Auseinandersetzung mit der Thematik erleichtern. Sie liefern Informationen und Anregungen. Einzelheiten der Texte können bei der Argumentation als Argumente/Belege/Beispiele herangezogen werden, dürfen aber die selbstständig zu entwickelnde eigene Position und die eigene Stellungnahme nicht verhindern; es kommt vor allem auf eine eigenständige sprachliche Gestaltung und eine tief greifende Auseinandersetzung mit den Materialien an.

Material 1
Elke Heidenreich

Die Kunst zu lesen … ein Stück Lebenskunst

Als Kinder haben wir mit Kreide auf die Hauswände gemalt: „Wer das liest, ist doof." Ach, und diese Freude dann, wenn es Eltern und Lehrer lasen, die Doofen! Heute möchte ich manchmal – gibt es überhaupt noch Kreide? – Kreide nehmen und beschwörend ganz groß auf alle Wände schreiben: „Wer nicht liest, ist doof." Es gibt eine Menge Leute, die nicht lesen. Und jetzt werden Sie sagen, na, die können dafür sicher prima Fußball spielen und Computer bedienen oder haben mächtig viel Herzenswärme oder Charakter oder sind erfolgreiche Manager. Und ich sage Ihnen: Wer nicht liest, ist trotzdem doof, zum Teufel dann auch mit der Herzenswärme. Die Lust an der Literatur ist auch die Lust am Leben. Die Kunst zu lesen, in ein Buch hineinzufallen, darin zu versinken, kaum noch auftauchen zu können, ist ein Stück Lebenskunst. Das setzt natürlich den Willen voraus, sich auf Geschichten einzulassen, sich aktiv ins Buch hineinzubegeben, sich bewusst von den Reizen und Zerstreuungen anderer Medien abzuwenden. Dann kann es eine wunderbare ewige Liebesgeschichte werden – die zwischen einem Buch und einem leidenschaftlichen Leser. Und sind die nicht blöde, die der Liebe ausweichen, wenn sie uns begegnet?

Wir sind allein miteinander: das Buch, die Lampe und ich, und wir haben Geheimnisse miteinander – denn das Buch erzählt mir unter Umständen mein eigenes Leben. „In Wirklichkeit ist jeder Leser, wenn er liest, ein Leser nur seiner selbst", schreibt Marcel Proust im letzten Band seiner „Suche nach der verlorenen Zeit". „Das Werk des Schriftstellers ist dabei lediglich eine Art von optischem Instrument, das der Autor dem Leser reicht, damit er erkennen möge, was er in sich selbst vielleicht sonst nicht hätte erschauen können."

Ich kannte aus den Büchern gewisse Gefühle und Leidenschaften, ehe ich die realen Küsse dazu kannte, las darüber „mit der ängstlichen Nüchternheit der Süchtigen" (Jean-Paul Sartre: „Die Wörter"). Was wir erlesen, übersteigt bei Weitem das, was wir erleben, das Leben hält nur mühsam Schritt mit der Fülle der Geschichten, die uns entgegenströmen, wenn wir uns ihnen öffnen. Wenn. „Das Chaos in mir von unausgegorenen Sehnsüchten, von romantischen Verstiegenheiten, von Ängsten und wilden Abenteuerträumen wurde aus unzähligen Spiegeln auf mich zurückgeworfen, ich bevorzugte das Anrüchige, Zweideutige, Düstere, suchte nach Schilderungen des Geschlechtlichen, verschlang die Geschichten von Kurtisanen und Hellsehern, von Vampiren, Verbrechern und Wüstlingen, und wie ein Medium fand ich zu den Verführern und Fantasten und lauschte ihnen in meiner Zerrissenheit und Melancholie“ (Peter Weiss in „Erste Lese-Erlebnisse“). [...]

Das Lesen, sagt Daniel Pennac, ist eine Seinsweise – es geht nicht darum, ob ich Zeit dazu habe, sondern ob ich mir das Glück leiste, zu lesen. Das ist wie mit der Liebe – keine Zeit dazu? Auch keine Zeit zum Atmen? Lesen ist wie atmen, schreibt Alberto Manguel. Und da haben wir schon beinahe alles, was wir über das Lesen wissen müssen. Und noch dies: dass das Lesen keine sichere Bank ist. Dass die Welt nicht so ist wie in den Büchern, dass uns aber die Gegenwelt der Bücher hilft, die reale Welt besser zu begreifen. Der wahre Zugewinn des Lesens ist eine radikale Destabilisierung der Welt, das heißt: Lesen ist fast immer auch Konflikt, Auseinandersetzung. Und wenn man das einmal weiß, geht es gar nicht mehr ohne – dann, nur dann, ist lesen wie atmen. Ich lese, also begreife ich, also bin ich bzw. kann ich sein. Aber Vorsicht: „Ich habe die Welt in Büchern kennengelernt: Dort war sie assimiliert[1], klassifiziert, etikettiert, durchdacht, immer noch furchterregend; und ich habe die Unordnung meiner Erfahrungen mit Büchern verwechselt mit dem zufälligen Ablauf wirklicher Ereignisse. Hier entsprang jener Idealismus, den ich erst nach dreißig Jahren von mir abtun konnte.“ (Jean-Paul Sartre: „Die Wörter“)

Natürlich ist Lesen auch Bildung. Zuerst kommt das Sprechen, dann kommt das Lesen, dann kommt alles Elektronische – ohne Lesen auch kein Internet. Aber die Literatur ist kein Vorzeigestück zum Angeben, was man alles weiß – sie ist eine Methode, um die Welt kennenzulernen, eine Mischung aus Lust und geistiger Disziplin.

Sie will, sagt der italienische Kritiker Roberto Cotroneo, „mit Demut, aber auch mit Entschlossenheit angepackt werden“ (Roberto Cotroneo: „Wenn ein Kind an einem Sommermorgen“). (1998)

---

[1] assimilieren: angleichen, anpassen

Material 2

Aphorismen zum Thema *Lesen*

Frauen lesen anders als Männer, weil sie anders leben.

(Ruth Klüger, amerik. Schriftstellerin, geb. 1931)

Ich muss gestehen, ich lese nicht zu meinem Vergnügen, ich suche weder Entspannung noch Ablenkung noch andere Freuden dieser Art. Ein Buch ist für mich eine Schaufel, mit der ich mich umgrabe.

(Martin Walser, dt. Schriftsteller, geb. 1927)

Wer liest, kann auch im Alltag reisen.

(Sprichwort)

Material 3

Max Frisch

Tagebuch

Was zuweilen am meisten fesselt, sind die Bücher, die zum Widerspruch reizen, mindestens zum Ergänzen: – es fallen uns hundert Dinge ein, die der Verfasser nicht einmal erwähnt, obschon sie immerzu am Wege liegen, und vielleicht gehört es überhaupt zum Genuß des Lesens, daß der Leser vor allem den Reichtum seiner eignen Gedanken entdeckt. Mindestens muß ihm das Gefühl erlaubt sein, das alles hätte er selber sagen können. Es fehlt uns nur die Zeit, oder wie der Bescheidene sagt: Es fehlen uns nur die Worte. Und auch das ist noch eine holde Täuschung. Die hundert Dinge nämlich, die dem Verfasser nicht einfallen, warum fallen sie mir selber erst ein, wenn ich ihn lese? Noch da, wo wir uns am Widerspruch entzünden, sind wir offenbar die Empfangenden. Wir blühen aus eigenen Zweigen, aber aus der Erde eines andern. Jedenfalls sind wir glücklich. Wogegen ein Buch, das sich immerfort gescheiter erweist als der Leser, wenig Vergnügen macht und nie überzeugt, nie bereichert, auch wenn es hundertmal reicher ist als wir. Es mag vollendet sein, gewiß, aber es ist verstimmend. Es fehlt ihm die Gabe des Gebens. Es braucht uns nicht. Die anderen Bücher, die uns mit unseren eigenen Gedanken beschenken, sind mindestens die höflicheren; vielleicht auch die eigentlich wirksamen. Sie führen uns in den Wald, wo sich die Wege in Sträuchern und Beeren verlaufen, und wenn wir unsere Taschen gefüllt sehen, glauben wir durchaus, daß wir die Beeren selber gefunden haben. Oder haben wir nicht? Das Wirksame solcher Bücher aber besteht darin, daß kein Gedanke uns so ernsthaft überzeugen und so lebendig durchdringen kann wie jener, den uns niemand hat aussprechen müssen, den wir für den unseren halten, nur weil er nicht auf dem Papier steht –.

(1946)

(Aus lizenzrechtlichen Gründen folgt dieser Text nicht der reformierten Rechtschreibung.)

Methode

Arbeitsschritte für das Verfassen einer materialgestützten Erörterung

1. Schritt: Aufgabenstellung verstehen
2. Schritt: Materialien bearbeiten
3. Schritt: Gedanken zum Thema sammeln
4. Schritt: Stoff für die schriftliche Darstellung gliedern
5. Schritt: Gliederung ausformulieren, Entwurf überarbeiten

Arbeitsschritt 1: Aufgabenstellung verstehen

1 Lesen Sie die Aufgabenstellung und die Hinweise zur Aufgabenstellung und kreuzen Sie an, worum es bei der Aufgabe im Einzelnen geht.

- ☐ a) Gefordert ist eine dialektische Erörterung.
- ☐ b) Es geht um eine einsträngige, steigernde Erörterung.
- ☐ c) Materialien dürfen nicht als Beispiele oder Belege für die eigene Erörterung genutzt werden.
- ☐ d) Materialien dürfen genutzt werden, entsprechende Argumente und Belege müssen jedoch in den eigenständigen Gedankengang eingebaut werden; sie dürfen die selbstständige Auseinandersetzung nicht verhindern.
- ☐ e) Die Aufgabenstellung ist offen, sie erfordert von Ihnen eine eigenständige Entscheidung und Wertung.
- ☐ f) Es geht um die Fragestellung, ob heute intensives Lesen von Büchern noch einen Sinn ergibt, ob dies nicht mehr der Fall ist oder ob möglicherweise Kompromisse zu schließen sind.
- ☐ g) Es kann bei dem Thema auch um die Fragestellung gehen, ob der (schnelle und vordergründige) Internetleser nicht längst den intensiven Buch-Leser abgelöst hat.
- ☐ h) Es kann um die Frage gehen, ob die Lesekultur sich schon längst der Fernsehkultur geschlagen gegeben hat.

Arbeitsschritt 2: Materialien bearbeiten

1. Markieren Sie in den Materialien die Kerngedanken zum Thema, machen Sie sich am Rand Notizen. Beantworten Sie die folgenden Fragen:

   - Welcher Argumentationstyp (vgl. Info-Kasten, S. 50) taucht in dem Text von Elke Heidenreich vorwiegend auf?

   - Schreiben Sie stichwortartig auf, wie das Lesen in den Materialien verstanden wird.

Arbeitsschritt 3: Gedanken zum Thema sammeln

1. Sammeln Sie in Ihrem Heft in einem Cluster alle Gedanken, die Ihnen zum Thema einfallen; diese Sammlung darf zunächst noch ungeordnet sein.
2. Ordnen Sie Ihre Gedanken zum Thema; dabei können Sie einerseits die Materialien nutzen (vgl. Arbeitsschritt 2), andererseits eigene Gedanken zum Thema formulieren. Als Methode lässt sich zum Beispiel eine Mindmap nutzen.

Arbeitsschritt 4: Stoff für die schriftliche Darstellung gliedern

Information

Gliederungsmöglichkeiten für eine dialektische Erörterung

Die folgenden Gliederungen gelten für Aufgabenstellungen/Themen, die eine Auseinandersetzung in Form von These und Gegenthese erfordern, deshalb dialektischer Natur sind und auf eine Entscheidung und Wertung zielen. Hilfreich ist dabei oft eine Darstellung nach Pro und Kontra (Vorteil und Nachteil/Nutzen und Schaden, ...). Die Grundstruktur besteht aus Einleitung, Hauptteil, Schluss.

Möglichkeit a)

1. Einleitung
2. Hauptteil
2.1. These
Argument 1/Beispiel(e)
Argument 2/Beispiel(e)
...
2.2. Antithese
Argument 1/Beispiel(e)
Argument 2/Beispiel(e)
...
2.3. Synthese
(eigene Entscheidung, wertende Stellungnahme, ggf. Kompromiss)
3. Schluss

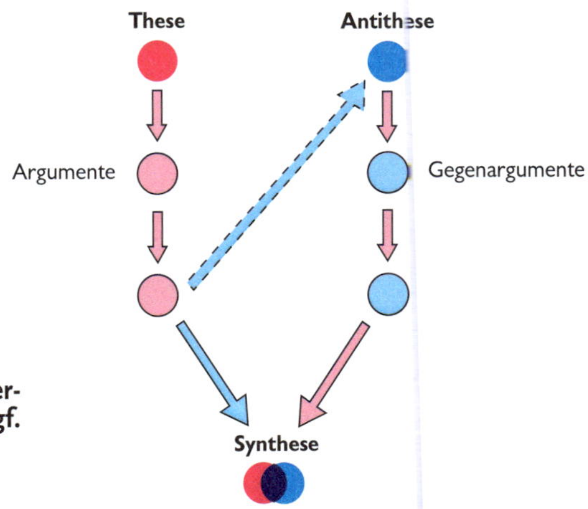

Möglichkeit b)

1. Einleitung

2. Hauptteil
These – 1. Argument/Beispiel(e)
Antithese – 1. Argument/Beispiel(e)
These – 2. Argument/Beispiel(e)
Antithese – 2. Argument/Beispiel(e)
...
Synthese
(eigene Entscheidung, wertende Stellungnahme, ggf. Kompromiss)

3. Schlussteil

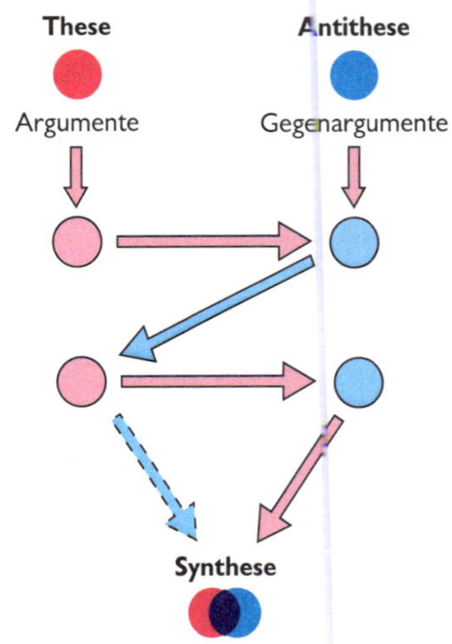

(1) Setzen Sie die folgende Gliederung einer Schülerin in Beziehung zu den Möglichkeiten im Info-Kasten. Weisen Sie im Einzelnen nach, welche Möglichkeit der Gliederung (a oder b) hier gewählt wurde.

1 **Einleitung**
2 **Hauptteil**
2.1 <u>These:</u> Lesen von Büchern auf dem Rückzug gegenüber der Beschäftigung mit anderen Medien
2.1.1 Veränderung der Lesekultur

2.1.2 Veränderung traditioneller Lesegewohnheiten durch das Fernsehen
2.1.3 Neue Lesegewohnheiten durch das Internet
2.1.4 Desinteressse an Literatur aufgrund mancher schulischer Lesepraktiken
2.1.5 Ablenkung von eigenen Gedanken durch zu vieles und zu schnelles Lesen
2.1.6 Veränderte Sozialisationsbedingungen
2.1.7 Veränderung des Lesens durch gesellschaftliche und ökonomische Zusammenhänge
2.2 Antithese: Lesen von Büchern auch heute noch von Interesse
2.2.1 Lesen als wichtigste Kulturtechnik, Bildung durch Lesen
2.2.2 Lesen als Möglichkeit, den eigenen Gedankenreichtum zu entdecken
2.2.3 Lesen als Beflügelung der Fantasie
2.2.4 Lesen als Anreiz zum Widerspruch und zur Aktivierung der Gedanken
2.2.5 Lesen als Möglichkeit, aus dem Alltag auszubrechen und eine „andere Welt" aufzusuchen
2.2.6 Lesen als Hilfe, um sich selbst und die reale Welt zu verstehen
2.2.7 Lesen als Vergnügen und Unterhaltung
2.3 Synthese
2.3.1 Notwendigkeit, das Lesen von Sachliteratur und poetischen Texten zu unterscheiden
2.3.2 Notwendigkeit, zwischen Pflichtlektüre/schulischer Lektüre und Freizeitlektüre zu unterscheiden
2.3.3 Empfehlung, unterschiedliche Arten des Lesens zu akzeptieren und zuzulassen
3 Schlussteil

(2) Untersuchen Sie die einzelnen Gliederungspunkte; korrigieren und ergänzen Sie diese gegebenenfalls.

Arbeitsschritt 5: Gliederung ausformulieren, Entwurf überarbeiten

(1) Schreiben Sie auf, in welchen Abschnitten Sie Argumente, Belege, Beispiele aus den Materialien für Ihre Darstellung nutzen könnten.

___

___

___

___

Information

Einleitung einer Erörterung

Für die **Einleitung** einer Erörterung bieten sich unterschiedliche Möglichkeiten an:
1. Ausgehen von einem allgemeinen Problem,
2. Ausgehen von eigenen Erfahrungen oder von den Erfahrungen anderer,
3. Ausgehen von kontroversen Meinungen,
4. Ausgehen von der Definition eines zentralen Begriffs,
5. Ausgehen von einem Einzelfall,
6. Ausgehen von der zitierten Meinung eines Experten,
7. Klärung eines zentralen Begriffs.

(2) Erläutern Sie, welche Möglichkeit in dem folgenden Schülertext gewählt wurde.

Beim Lesen muss man deutlich unterscheiden zwischen der Lektüre von Sachbüchern und von fiktiver, poetischer Literatur. Während Sachbücher eher ein Bedürfnis nach Information befriedigen, geht es bei literarischen, poetischen Texten eher darum, sich zu entspannen und sich in einer anderen Welt, einer Fantasiewelt zu bewegen. Ich erinnere mich, dass ich als Kind wahllos das gelesen habe, was ich zu Hause im Bücherschrank meiner Eltern vorfand, z. B. einen Roman des Heimatdichters Ludwig Ganghofer, einen Karl-May-Roman mit dem Titel „Durchs wilde Kurdistan“ und eine Darstellung über den „Dornenweg des letzten Zaren“. Bei dieser Freizeitlektüre konnte ich mich ganz hineinversetzen in die Personen und ihre Handlung; ich lebte und litt mit ihnen. Heute haben sich durch die Vielfalt der Medien auch die Lesegewohnheiten und -interessen verändert. Dies möchte ich im Hinblick auf die Themenstellung im Folgenden näher untersuchen.

3) Formulieren Sie in Ihrem Heft eine andere Einleitung: Gehen Sie von der zitierten Meinung eines Experten aus. Nutzen Sie dazu die Materialien (s. S. 44 ff.).

4) Wählen Sie den Gliederungspunkt *2.1.1 Die Lesekultur hat sich verändert* und formulieren Sie dazu in Ihrem Heft einzelne Gedanken. Berücksichtigen Sie dabei den Aufbau von Argumentationen (These/Behauptung, Argument, Beispiel/Beleg) sowie unterschiedliche Argumenttypen (s. Hinweise im Info-Kasten).

5) Führen Sie den Schlussteil aus. Möglichkeiten: Man bezieht sich auf die Einleitung; man zieht ein Fazit; man gibt in knapper Form eine eigene wertende Stellungnahme mithilfe entsprechender Argumente und Beispiele ab.

6) Formulieren Sie jetzt zur Übung einzelne Punkte der Erörterung in Ihrem Heft aus:
- Achten Sie auf richtiges Zitieren (Anführungszeichen, Zeilenangaben, richtiges Einbauen der Zitate in den eigenen Satzbau),
- benutzen Sie für Ihre Erörterung unterschiedliche Argumenttypen und sprachliche Wendungen (s. Info-Kasten),
- achten Sie bei der Überarbeitung auf Rechtschreibung und Kommasetzung sowie auf den passenden Ausdruck und Stil.

Information

Argumenttypen

Argumenttypen, um Leser von der Richtigkeit und Wichtigkeit der eigenen Begründungen zu überzeugen:

- **Faktenargument**
  Beispiel: Die erste PISA-Studie von 2000 hat das Lesen als Schlüsselkompetenz moderner Gesellschaften aufgewertet.
  (Fakten sind im Allgemeinen überprüfbar; es darf sich nicht um einen Einzelfall handeln.)

- **Erfahrungsargument**
  Beispiel: Ich selbst lese vorwiegend Sachbücher, weil ich an präzisen Fakten interessiert bin; Fantasiegeschichten interessieren mich kaum.
  (Die individuellen Erfahrungen müssen vom Adressaten nachvollzogen werden können.)

- **Analogisierendes Argument**
  Beispiel: Frauen denken oft anders als Männer; folglich lesen sie auch anders als Männer.
  (Im Analogieschluss wird ein Bezug, eine Übertragung auf den eigentlichen Sachverhalt/auf das Thema hergestellt.)

- **Autoritätsargument**
  Beispiel: Für den Schriftsteller Martin Walser ist Lesen keine Entspannung, sondern ein Prozess der Auseinandersetzung und des Widerspruchs.
  (Man beruft sich auf einen anerkannten Fachmann, eine Autorität.)

- **Normatives Argument**
Beispiel: Es ist allgemein bekannt, dass ...
(Man stützt sich dabei auf allgemein anerkannte Normen und Werte wie Gleichberechtigung oder Würde des Menschen.)

- **Logisches Argument**
Beispiel: Wenn ..., dann ...
(Es wird oft mit „wenn ..., dann ..." argumentiert im Sinne von Grund/Folge und Ursache/Wirkung.)

- **Argumente, die sich auf Gefühle stützen**
Beispiel: Nach meinem Gefühl ...
(Man kann Thesen dadurch stützen, indem man sich auf Gefühle beruft; dies kann allerdings unsachlich wirken, vor allem, wenn es vom Adressaten nicht nachvollziehbar ist. Dieser Argumentationstyp wird besonders häufig in Essays und Kommentaren genutzt. In sachlichen Erörterungen, z. B. wissenschaftlichen Auseinandersetzungen, sollte er nicht vorkommen.)

Formulierungshilfen für eine Erörterung
Die folgenden sprachlichen Wendungen können eine Hilfe für das Formulieren sein; sie sollten allerdings nicht in stereotyper Form eingesetzt werden.

Wertende Wendungen (Zustimmung/Einschränkung/Ablehnung)
Ich halte für überzeugend/akzeptabel/bedenklich/verfehlt ...
Es gibt mir zu denken, dass ...
Ich kann die Auffassung nicht teilen, dass ...
Nach meiner Überzeugung/Auffassung/Ansicht ...
Meines Erachtens ...
Ich kann nicht akzeptieren, ...
Ich meine/denke/bin der Ansicht/Meinung/Auffassung, dass ...
Ich bin überzeugt, dass ...
Diese Auffassung lässt sich widerlegen ...
Es ist unbestritten, dass ...
Dieser Annahme kann man entgegenhalten, ...

Entwicklung einer eigenen These
Es ist/wäre zu fragen ...
Es stellt sich die Frage ...
Es ist zu klären ...
Es soll ermittelt/geklärt/untersucht werden ...
Man muss allerdings einräumen, ...
Eine wichtige Einschränkung erscheint allerdings angebracht ...

Interpretation eines epischen Textes

Franz Kafka

Gib's auf!

Es war sehr früh am Morgen, die Straßen rein und leer, ich ging zum Bahnhof. Als ich eine Turmuhr mit meiner Uhr verglich, sah ich, dass es schon viel später war, als ich geglaubt hatte, ich musste mich sehr beeilen, der Schrecken über diese Entdeckung ließ mich im Weg unsicher werden, ich kannte mich in dieser Stadt noch nicht sehr gut aus, glücklicherweise war ein Schutzmann in der Nähe, ich lief zu ihm und fragte ihn atemlos nach dem Weg. Er lächelte und sagte: „Von mir willst du den Weg erfahren?“ „Ja“, sagte ich, „da ich ihn selbst nicht finden kann.“ „Gib's auf, gib's auf“, sagte er und wandte sich mit einem großen Schwunge ab, so wie Leute, die mit ihrem Lachen allein sein wollen.

(1922)

Aufgabenstellung

1. Interpretieren Sie die Parabel „Gib's auf!“ von Franz Kafka.

2. Geben Sie einen knappen persönlichen Kommentar zur Geltung der Parabelaussage in der heutigen Zeit.

Methode

Arbeitsschritte zur Erschließung und Interpretation eines poetischen Textes

1. Schritt: **Was sagt mir der Text? Wie wirkt der Text auf mich?**
Aufgabenstellung klären; Text überfliegend lesen; erste Eindrücke formulieren; nach nochmaligem Lesen ersten Verstehens- und Deutungsansatz formulieren

2. Schritt: **Was steht im Text? Wie erschließe ich mir den Text?**
Text durch genaues, markierendes Lesen erschließen; dabei je nach literarischer Textart die entsprechenden Fachbegriffe zur Analyse lyrischer, epischer oder dramatischer Texte nutzen

3. Schritt: **Welchen Sinn hat der Text, welche Aussage macht er? Welche Deutung lässt er zu?**
Ersten Deutungsansatz überprüfen, d. h. bestätigen, korrigieren/modifizieren oder verwerfen; aktuelle, lebenspraktische Bedeutung des Textes erschließen; Deutung durch Kontextualisierung absichern

4. Schritt: **Wie gliedere ich meine Arbeitsergebnisse für die schriftliche Darstellung?**
Zunächst einen Schreibplan anfertigen; gliedern nach Einleitungsteil, Hauptteil und Schlussteil (s. S. 58)

5. Schritt: **Wie überarbeite ich meinen Entwurf; wie formuliere ich?**
Text nach logischen, sprachlichen und orthografischen Gesichtspunkten überarbeiten; wichtig sind Leserhilfen und Lesersteuerung sowie die Verwendung sprachlicher Konnektoren, um den Text stimmig und dicht zu gestalten (s. S. 35)

Für die Interpretation ist es sinnvoll, neben dem textimmanenten Verfahren auch textübergreifende Gesichtspunkte, d. h. Kenntnisse zur Biografie des Verfassers sowie literatur- und zeitgeschichtliche Zusammenhänge, einzubeziehen.

Arbeitsschritt 1:
Was sagt mir der Text? Wie wirkt der Text auf mich?

(1) Lesen Sie den Text. Schreiben Sie danach Ihre ersten Eindrücke, Ihre Fragen und Ihnen nicht verständliche Zusammenhänge auf.

(2) Lesen Sie den Text noch einmal sehr genau, möglicherweise wiederholt. Formulieren Sie danach die Thematik bzw. einen ersten Deutungsansatz: Worum könnte es in dieser Parabel gehen?

Arbeitsschritt 2:
Was steht im Text? (Was steht nicht im Text?) Wie erschließe ich mir den Text?

(1) Fassen Sie in knapper Form den Inhalt der Parabel zusammen. Vermeiden Sie eine Paraphrasierung des Textes, indem Sie eigene Formulierungen benutzen.

(2) Füllen Sie die folgende Zusammenstellung aus: Was erfährt man als Leser nicht?

Das erfährt man:	Das erfährt man nicht:
Wer? • Eine Person (Protagonist) sucht den Bahnhof. • Sie vergleicht die Zeit der Turmuhr mit der eigenen Zeit. • Person ist in Eile. • Person ist erschrocken über die Verspätung. • Person fühlt sich unter Druck. • Schutzmann verweigert die Antwort. • Er lächelt dabei. • Er scheint überlegen zu sein. **Wann?** • morgens früh **Wo?** • Stadt • Straßen rein und leer **Wohin?** • Bahnhof	

(3) Erläutern Sie stichwortartig für diesen Text die Textart *Parabel*. Nutzen Sie dazu die Hinweise im Info-Kasten.

Information

Parabel

Die Parabel wird als eine lehrhafte Dichtung definiert. Sie veranschaulicht oft existenzielle, moralische oder metaphysische Wahrheiten. Sie kann eine offene Form haben, bei der die Bedeutung verrätselt ist, sie kann eine geschlossene Form haben, bei der die Lehre oder Erkenntnis ausgesprochen wird.
Die Parabel erzählt auf der **Bildebene** von unserer Welt; dies verweist auf die Bedeutung, die **Sachebene**. Der Vergleich von Bildebene und Sachebene muss vom Leser geleistet werden.
Durch Analogieschluss muss über einen Vergleichspunkt/Schlüsselbegriff, eine zentrale Metapher, die Bedeutung erschlossen werden:

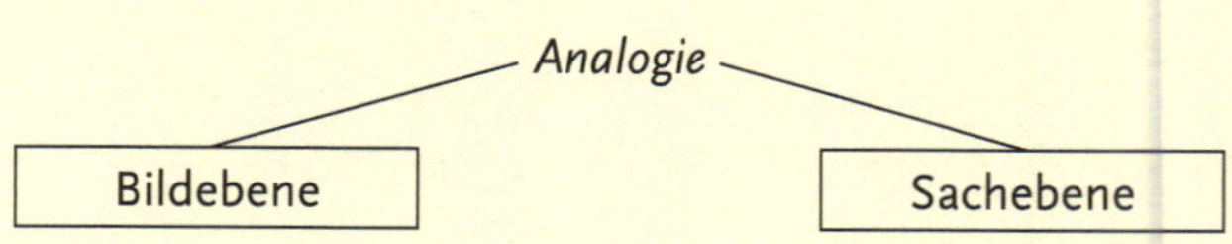

(4) Welche sprachlichen und rhetorischen Zusammenhänge fallen auf? Bestimmen und erläutern Sie stichwortartig

- den parataktischen Satzbau zu Beginn:

- das personale Erzählverhalten im ersten Teil, das neutrale Erzählen am Schluss:

- den kurzen Gesprächsablauf in direkter Rede mit dem Schutzmann:

- die nonverbalen Reaktionen des Polizisten; mögliche Begründungen für sein Verhalten:

- das dreimalige Nennen des Wortes *Weg*:

3. Arbeitsschritt: Welchen Sinn hat der Text? Welche Aussage macht er? Welche Deutung lässt er zu?

1. Deuten Sie die Bildhälfte der Parabel, indem Sie per Analogie auf die Sachhälfte schließen (s. S. 54).
   - Erläutern Sie dazu stichwortartig das Schlüsselwort *Weg*.

   - Erklären Sie das Verhalten des Polizisten.

- Ergänzen Sie in der folgenden Gegenüberstellung von Sachebene und Bildebene jeweils die entsprechenden Stichwörter zur Sachebene.

Analogie

Bildebene		Sachebene
– Weg zum Bahnhof	–	
– Turmuhr	–	
– im Weg unsicher werden	–	
– Frage an den Schutzmann: der richtige Weg	–	

(2) Besonders bei dem Autor Franz Kafka findet sich eine enge Verknüpfung zwischen seiner Biografie und seinem Werk.
Erläutern Sie knapp, inwieweit auch bei der Parabel „Gib's auf!" biografische Zusammenhänge für eine Deutung infrage kommen könnten. Lesen Sie dazu die Hinweise im Info-Kasten.

Information

Zur Biografie von Franz Kafka

Offsetlitho von Horst Janssen (1967)

Franz Kafka (1883–1924) ist in seiner Zeit eine Ausnahmeerscheinung. Mit dem **Expressionismus** (etwa 1905–1925) verbindet ihn allerdings die radikale Modernität seines Erzählens: Infragestellung von Autoritäten, Fehlen eines Trostes durch transzendente Bezüge, Verunsicherung des einzelnen Menschen, Auflösung religiöser und ethischer Bindungen (s. auch die Hinweise auf S. 9).
Als promovierter Jurist arbeitete Franz Kafka im Büro einer Versicherungsgesellschaft; die bürokratischen Abläufe bieten ihm immer wieder Anlass zur Kritik, die sich in seinen Werken niederschlägt. Der Konflikt zwischen seiner Tätigkeit als Schriftsteller und seiner Arbeit im Büro führte Kafka oft bis an den Rand der Erschöpfung.
Seine Parabeln und Romane offenbaren immer wieder die Zwänge, denen der einzelne Mensch ausgesetzt ist. Als deutschsprachiger Jude, der in Prag geboren wurde, erlebt sich Kafka in mehrfacher Weise als fremd.
In seinem Werk, das vom Leser oft als **dunkel** und **rätselhaft** empfunden wird, thematisiert Kafka auch seine eigenen Ängste und seine Erfahrungen, nicht verstanden zu werden (vgl. die problematische Beziehung Kafkas zu seinem Vater) und fremden, anonymen Mächten ausgesetzt zu sein: „Ein Buch muss die Axt sein für das gefrorene Meer in uns." (Literaturwissen Kafka, Reclam Verlag, Stuttgart 1995, S. 13)
Mit seinem Werk antwortet er somit auf eine Welt, die ihm fremd, unverständlich und feindlich erscheint. Zentral für sein Werk ist vor allem der Gedanke, dass den Menschen **eine unbekannte Instanz** leitet; diese kann allerdings keine transzendente Macht sein; nur als Suchender und nur in uns selbst ist der rechte Weg zu finden.
Kafka hat wie kaum ein anderer moderner Autor die **negativen Entwicklungen seiner Zeit** erkannt und aufgrund von Schuldgefühlen und radikalem Zweifel an sich selbst durchlitten.
Die Parabel „Gib's auf!" wurde im Jahre 1922 geschrieben; sein Freund Max Brod veröffentlichte als sein Herausgeber den Text zum ersten Mal im Jahre 1936; er gab ihr dabei auch den Titel.

③ Beurteilen Sie (stichwortartig) den folgenden Schlussteil einer Textinterpretation im Hinblick auf die Einbeziehung textexterner Gesichtspunkte.

Von Kafka ist bekannt, dass die Protagonisten in vielen seiner Werke sich anonymen Mächten ausgeliefert fühlen und sich im gesellschaftlichen Leben nicht zurechtfinden. Das Schloss im gleichnamigen Roman wie auch die Gerichtsgebäude in *Der Prozess* bestehen aus einem weitverzweigten Gewirr unübersichtlicher Räume. Offensichtlich schlägt sich die frustrierende Erfahrung mit staatlichen Ordnungsgrößen auch in der negativen Zeichnung der Figur des „Schutzmanns“ in dieser Parabel nieder. Von Kafka selbst, der in Prag geboren ist und ein deutschsprachiger Jude war, kann man sagen: Er „kannte [s]ich in dieser Stadt noch nicht sehr gut aus“. Denn seine deutsche Sprache trennte ihn von der tschechischen Bevölkerung und seine jüdische Abstammung machte ihn in österreichischen Kreisen nicht sehr willkommen.

____

____

____

____

____

____

④ Verfassen Sie in Ihrem Heft einen knappen persönlichen Kommentar: Wieweit halten Sie die Parabel heute noch für aussagekräftig?

Information

Kritischer persönlicher Kommentar

Für einen Kommentar zu einem Text wählt man ein bestimmtes Teilthema der Deutung und nimmt dazu in erörternder Weise Stellung. Man nutzt dazu seine eigenen Erfahrungen sowie sein Fach- und Allgemeinwissen. Für die Ausführung gebraucht man kommentierende sprachliche Wendungen sowie Konnektoren zur sprachlichen und logischen Verknüpfung (z. B. zur Reihung, zur Begründung, zur Ergänzung, zur Einräumung und zum Gegensatz, zur logischen Verknüpfung, ..., s. S. 35).

Arbeitsschritt 4:
Wie gliedere ich meine Arbeitsergebnisse?

Arbeitsschritt 5:
Wie formuliere ich? Wie überarbeite ich meine Darstellung?

Information

Interpretation poetischer Texte

Wie Sie möglicherweise bereits wissen (s. Hinweise S. 19), bieten sich für eine Interpretation und deren Darstellung zwei methodische Verfahren an:
a) das **lineare Verfahren**, bei dem linear in der Abfolge des Textes bzw. der Abschnitte vorgegangen wird; bei diesem Verfahren muss man vermeiden, den Text lediglich inhaltlich zu umschreiben (zu paraphrasieren),
b) das **aspektorientierte Verfahren**, bei dem jeweils einzelne Untersuchungsaspekte im Längsschnitt durch den Text verfolgt werden.
Wie bei allen schriftlichen Aufgaben ist es notwendig, einen Schreibplan aufzustellen, die Gedanken zu gliedern; in der Regel geschieht dies so:

1. Einführungsteil: Überblickssatz und erster Deutungsansatz. Genutzt werden können die Gedanken aus Arbeitsschritt 1.
2. Hauptteil
An dieser Stelle können die Arbeitsergebnisse aus den Arbeitsschritten 2 und 3 genutzt werden.
3. Schlussteil
Hier kann z. B. Detailwissen über den Autor Franz Kafka berücksichtigt werden.

(1) Formulieren Sie einzelne Gliederungspunkte des Hauptteils.

(2) Arbeiten Sie zur Übung einzelne Teile der Interpretation aus. Nutzen Sie dabei die Ergebnisse aus den Arbeitsschritten 1–3.
Achten Sie bei der Ausformulierung und Überarbeitung auf angemessenes Fachvokabular, auf Strukturwörter, mit deren Hilfe Zusammenhänge sprachlich aufeinander bezogen bzw. verknüpft werden (außerdem, deshalb, ..., s. S. 35). Ebenso wichtig sind Formulierungen zur Leserführung (Ich komme jetzt zur Analyse des Schlussteils, ...).

(3) Kennzeichnen Sie in dem folgenden persönlichen Kommentar zu dem Text „Gib's auf!" kommentierende Textteile und sprachliche Konnektoren.

Ich denke, dass Auszubildende sich heute – wie der Wegsuchende in Kafkas Parabel – vertrauensvoll an „Autoritäten" wie Ämter, Ausbildungsbetriebe, Eltern oder Lehrer wenden können, dass sie aber – anders als in Kafkas Parabel – auch gut gemeinten und professionellen Rat von ihnen erhalten. Hier sieht man, wie sich unsere gesellschaftlichen Verhältnisse gegenüber Kafkas Zeit verändert haben. In einem demokratischen Staat sind die Institutionen offensichtlich bürgernäher. Eltern beraten heute ihre Kinder, nehmen ihre beruflichen Wünsche und Interessen ernst, setzen sich mit ihnen auseinander, anstatt ihnen vorzuschreiben, wie sie leben sollen. Auf der anderen Seite sind Jugendliche heute kritischer geworden, sie hinterfragen zum Beispiel die Autoritäten, die in der Generation ihrer Großeltern noch kritiklos anerkannt wurden, wie zum Beispiel Eltern, Erzieher und auch Vertreter der Kirchen. *In diesem Sinne* ist die autoritätsgläubige Haltung des Ich-Erzählers in Kafkas Parabel, die im frühen 20. Jahrhundert entstand, meiner Meinung nach heute im Allgemeinen nicht mehr zeitgemäß. Doch die Entscheidung, welche Richtung man seinem Leben geben will, z. B. durch die Wahl des „richtigen" Berufs, liegt bei jedem Einzelnen selbst. *Insofern*, meine ich, trifft die Grundaussage der Parabel auch auf die heutige Zeit noch zu: „Gib's auf", die Verantwortung für deinen Lebensweg auf andere zu übertragen. Übernimm sie selbst!

(4) Beurteilen Sie die Qualität dieses Kommentars.

Weitere Trainingsmöglichkeit

Nadja Einzmann

An einem Abend und fremd

Ich sitze auf den Stufen der Kirche, Walkman auf den Knien und strecke die nackten Beine ins Abendlicht. Joan Baez[1] singt mir Folksongs ins Ohr, und auf einer Bühne, aufgebaut für den nächsten Tag, balgen und boxen kleine Jungen mit nackten Oberkörpern. Ein Ringrichter, etwas größer als die anderen und in weißem T-Shirt, trennt immer wieder die zu einem Knäuel verbissen am Boden Liegenden. Großes Geschrei dann, Jubel auch, manchmal wird ein Arm in die Luft gehalten, und von unten klatschen kleine Mädchen in die Hände. Mir gegenüber und über dem Platz, im Dachgauben, ein Mann; er hat sich ein Kissen aufs Fensterbrett gelegt, und seine aufgestützten Arme leuchten orange im Licht. Dunkelblondes Haar zu einem Zopf zurückgebunden, erinnert er mich an einen: nicht so muskelbepackt, nicht tätowiert, brav, mit weichen Gesichtszügen, und hat mich nie überzeugt. Jetzt aber – das Vertraute im Fremden und das Abendlicht ... Eine junge Frau erscheint, zart, lange braune Haare, und beugt sich über dem Mann aus dem Fenster, ihre Arme rechts und links seines Gesichts, Kopf über Kopf beobachten sie die spielenden Jungen, Abendstimmung in den Mienen. Junge Liebe, denke ich. Sonntags fahren sie mit dem Motorrad über die Dörfer und geben ein reizendes Paar ab in ihren Ledermonturen. Gelassen, selbstsicher und brauchen niemanden und nichts und sich auch nie jemals Sorgen machen über irgendetwas, nur diese zwei Zimmer im Dach, die jetzt verschattet daliegen. Lesen werden sie später noch oder schreiben, und dann einander in den Armen liegend einschlafen, ruhig und gedankenlos in den nächsten Tag.
Die junge Frau zieht sich ins Zimmer zurück, und er pfeift, pfeift kräftig auf zwei Fingern in Richtung des Gebalges und Boxgeschreis. Ein kleines Mädchen löst sich aus der Menge und gestikuliert bittend zum Fenster hinauf: Noch kurz? Er schüttelt den Kopf, und nach einigem Zögern und Trotzen winkt sie einem noch kleineren Mädchen, und beide trotten – nicht ohne manchmal zurückzuschauen – Richtung Haus. Da fällt mir auch das winzige grün-rote Fahrrad auf, das an der Hauswand lehnt.
Meine Gedanken nehmen eine andere Richtung. Einen Abendbrottisch sehe ich vor mir: Tomaten, Radieschen und Milch in bauchigen, blau lackierten Tassen. *So* einen Vater, denke ich, so jung, so stark und kann auf zwei Fingern pfeifen. (2001)

[1] Joan Baez: US-amerikanische Folk-Sängerin, geb. 1941

Information

Zu Erziehungsvorstellungen der 60er-Jahre und der heutigen Zeit

In den Sechzigerjahren zündet die Unzufriedenheit vieler amerikanischer Jugendlicher mit Wertvorstellungen und Lebensformen der Erwachsenen und deren Orientierung am Wohlstand und Konsum auch in der Bundesrepublik. Kritik richtet sich vor allem gegen die Erziehungs- und Moralvorstellungen traditioneller Autoritäten: Kirche, Eltern, Lehrer, Professoren. In der Kinder- und Jugendliteratur zeigt sich die Tendenz, die bis dahin unbefragten Autoritäten kritisch infrage zu stellen. Besonders bekannt wird Astrid Lindgrens literarische antiautoritäre Figur „Pippi Langstrumpf“, deren Unabhängigkeit gegenüber gängigen Rollenvorschriften den Wünschen und Träumen jugendlicher Leser nach Unabhängigkeit und Bindungslosigkeit entgegenkommt.
In jüngster Zeit haben die Veröffentlichungen des Therapeuten Michael Winterhoff zum Thema *Erziehung* Aufmerksamkeit erregt. Im Buchklappentext seiner Veröffentlichung „Warum unsere Kinder zu Tyrannen werden. Oder: Die Abschaffung der Kindheit“ (2008) heißt es: „Gesellschaftliche Fehlentwicklungen und eigene Probleme von Erwachsenen verhindern, sich abgegrenzt und strukturierend gegenüber dem Kind zu verhalten und diesem dadurch eine normale Entwicklung seiner Psyche zu ermöglichen.“

Aufgabenstellung
Interpretieren Sie die Kurzgeschichte, indem Sie

1. Inhalt, Struktur und sprachliche Machart des Textes verdeutlichen.

2. Kontextwissen (vgl. Zusatzinformationen) einbeziehen.

Bevor Sie die Interpretation abfassen, sollten Sie in einzelnen Arbeitsschritten (s. S. 52) zunächst eine Reihe von Vorarbeiten erledigen:
a) Stichwortnotizen zum Inhalt des Textes machen,
b) Thematik des Textes und ersten Deutungsansatz formulieren,
c) wichtige Signalwörter und -ausdrücke im Text markieren (z. B. Abend),
d) kompositorische und sprachliche Gestaltungsmittel des Textes benennen,
e) die Entscheidung für ein Interpretationsverfahren (linear oder aspektorientiert, s. S. 57 f.) treffen,
f) eine Gliederung entwerfen.

Interpretation eines dramatischen Textes

Szenenbild der Premiere am 14.05.1996 am Theater am Neumarkt, Zürich

Urs Widmer

Top Dogs (Szene 2)

Die folgende Szene stellt eine von zwölf Szenen aus dem Drama „Top Dogs" des Schweizer Dramatikers Urs Widmer (geb. 1938) dar.
In einer „Outplacement-Agentur" soll ehemaligen, arbeitslos gewordenen Spitzenmanagern wie Tschudi und Bihler mithilfe von Rollenspielen geholfen werden, ihre neue Situation zu verarbeiten; gleichzeitig sollen sie in dieser Agentur auf eine mögliche neue berufliche Tätigkeit vorbereitet werden.

2. Heute sind wieder die Churchills[1] gefragt

Bihler, Tschudi.

Bihler *Chefpose.* Herr Tschudi. Danke, dass Sie gleich rüberkommen konnten. Ich kenne ja Ihren Terminkalender. Ein, zwei Minuten nur. Wir redimensionieren das Management. Sie waren ja selber am Konzept beteiligt und haben ihm zugestimmt. Ich habe jetzt von jedem meiner Mitarbeiter auf der mittleren und höheren Managementebene eine Leistungsanalyse erstellen lassen. Kinley and Finley, Sie haben sich ja mit den Herren unterhalten. Die sind zum Schluss gekommen, dass Sie sich zu sehr auf Ihren Lorbeeren ausruhen, Tschudi. Natürlich haben Sie Leistung erbracht. Selbstverständlich. Aber Lorbeeren gehören auf den Kopf, in die Suppe vielleicht, aber nicht unter den Hintern. Ich muss mich auf den Ersten Dritten von Ihnen trennen.

Tschudi. Aber wieso, ich habe doch immer ...

Bihler. Es ist vorbei mit den fetten Jahren. Da haben wir gerade im Management großzügig eingekauft. Auf Halde sozusagen, nur für den Fall, dass. Und damit die Konkurrenz die nicht kriegt. Leute mit dreihunderttausend per annum und einem Output von plus minus Null. Jetzt sitzen wir mit einem Überhang an Managern da. Die Schweiz ist keine Insel der Seligen mehr. Jetzt bläst auch bei uns ein kalter Wind. Wir müssen ein GLOBAL PLAYER sein, oder die Konkurrenz dreht uns die Luft ab. Wir sind nicht mehr 1980. Wo soll ich einen wie Sie einsetzen, Tschudi, in diesem neuen Klima, das ja schon weit härtere Burschen schier umbringt. Jüngere. Sagen Sie doch selbst.

Tschudi. Einer in meinem Alter hat ein Know-how, das nicht so leicht ...

Bihler. Im Krieg brauche ich andere Männer als im Frieden. Heute brauche ich Generäle, die als Allererste in den Dschungel gehen. Die draufhalten können. Heute gibt es echte Tote. Sie müssen mit dem Flammenwerfer

[1] Churchill: britischer Premier- und Verteidigungsminister im Zweiten Weltkrieg

in die Konkurrenz rein und die ausräuchern. Sonst sind SIE dran. Churchill war im Frieden eine Niete. Aber im Krieg war er ein Ass. Heute sind wieder die Churchills gefragt.

TSCHUDI. Wie wollen Sie die laufenden Projekte mit Leuten, die keine Ahnung ...

BIHLER. Ich bin froh, dass Sie das ansprechen. Ich wollte es eben selber tun. Natürlich, die laufenden Projekte. Ich mache Ihnen einen Vorschlag. Ich kenne Ihre Qualitäten, Tschudi. Und unter uns, gerade um Sie tut es mir besonders leid. Ich bin sehr froh, dass ich Ihnen für Ihr laufendes Projekt einen Teilzeitvertrag anbieten kann. Befristet. Übers Gehalt einigen wir uns sicher, da sind sicher fünfzig Prozent Ihrer bisherigen Bezüge drin, wenn nicht mehr.

TSCHUDI. Fünfzig Prozent? Aber das sind ja dann ganze ...

BIHLER. Da draußen sind Hunderte von solchen, wie Sie einer sind. WHITE-COLLAR-Schrott. Die kriechen auf den Knien in mein Büro, nur um von mir einen Vertrag zu kriegen, für die Hälfte, ohne Sozialabgaben, ohne Altersabsicherung. Ich muss nur so machen. *Schnipst.* Business, das ist Krieg. Blut und Tränen. So ist das.

TSCHUDI *schreit.* Sie sind ein Monster. Ein Monster sind Sie. Mit mir machen Sie das nicht. Nicht mit mir. *Will ab. Aber:*

BIHLER *ganz anderer Ton, den Tränen nahe.* So hat der mit mir geredet. Wörtlich so. Fast wörtlich. Mehr als zwanzig Jahre lang habe ich ein Know-how für die Firma aufgebaut, da können Sie lange suchen. Und dann eliminiert der ganze Managementebenen mit einem Federstrich. Eine flache und transparente Führungsstruktur, schnelle Entscheidungsprozesse, und dann ein paar junge Spunde, die mit den Flammenwerfern. Die bearbeiten jetzt den asiatischen Raum. Rein in den Markt und ausräuchern. Manche kommen da natürlich im Leichensack zurück, eine Handvoll Kohle. Aber die Hälfte schafft es. Der Markt, das ist ein Schlachtfeld. Der Handel ist Krieg, Blut und Tränen.

TSCHUDI. Nehmen Sie es nicht zu tragisch, Herr Bihler. Es spricht für Sie, dass Sie nicht alles mitmachen.

BIHLER *schluchzend.* Genau.

TSCHUDI. Die sind wie die Säue. Da haben Sie ganz recht. So was wie ne Ethik, eine Moral, das war einmal. Die scheuen vor nichts zurück.

BIHLER *sich allmählich erholend.* Woher wissen die überhaupt, dass ich das nicht könnte? Beim Militär war ich Panzerfahrer, da hab ich jede Menge Infanterienester plattgefahren.

TSCHUDI. Das haben wir hinter uns, Gott sei Dank.

BIHLER. Supponiert[2] natürlich. War ja kein Ernstfall weit und breit.

---

[2] supponiert: nur simuliert

TSCHUDI. Das war ein Festtag, als ich den ganzen Krempel zurückfasste[3], für immer!

BIHLER. Wer sagt, wenn man mir einen Flammenwerfer gibt, dass ich das nicht kann? Gerade im asiatischen Markt. Die Asiaten, die haben auch keine Hemmungen. Hat man in Vietnam gesehen, wie die mit den Amerikanern umgesprungen sind. Draufhalten, einfach draufhalten. Dann rennen die wie die Fackeln.

TSCHUDI. Jetzt machen Sie aber einen Punkt.

BIHLER. Richtiggehend gern würd ich das machen, voll Rohr den Feind wegfegen, und dann rein in den Markt und die strategischen Positionen besetzen, bevor die paar Überlebenden auch nur den Kopf heben.

TSCHUDI. Beruhigen Sie sich doch.

BIHLER. Da hätt ich richtiggehend Spaß dran.

TSCHUDI. Jetzt gehen Sie aber zu weit.

BIHLER. Wieso fragen die mich nicht mal? Können Sie mir das sagen?

TSCHUDI. Ich habs gleich gesagt. Ein Monster.

BIHLER *stolz*. Ja. Bin ich. Der Markt braucht heute Monster. Monster. Monster ...

Er entfernt sich aufgebracht, die Schlacht der Wörter[4] beginnt.

(1996)

[3] den ganzen Krempel zurückfasste: die Militärausrüstung zurückgab
[4] die Schlacht der Wörter: Titel der folgenden Szene

Information

Inhaltsangabe zum Drama „Top Dogs“ von Urs Widmer

Szenenbild der Premiere am 14.05.1996 am Theater am Neumarkt, Zürich

Das Stück handelt von einer **bestimmten Gruppe von Arbeitslosen, nämlich ehemaligen Topmanagern**. Workaholics, die den Sinn ihres Lebens nur durch ihre berufliche Tätigkeit definieren, Macher, die ihnen gestellte Aufgaben zielstrebig erfüllen, aber nicht über den Sinn ihrer Tätigkeit nachdenken. Arbeitslosigkeit bedeutet für diese Menschen, dass ihre persönliche Identität, die durch berufliche Stellung und Status gegeben war, vernichtet wird.

Arbeitslosigkeit wird für sie somit zum „sozialen Tod“ und seelischen Trauma. In dem modernen Stück „Top Dogs“ wird **keine lineare Geschichte** erzählt. Dennoch wird ein deutliches Licht auf eine Outplacement-Firma mit dem Namen „New Challenge Company“ und ihre Beraterin Frau Wrage geworfen. Outplacement-Büros sind eine amerikanische Erfindung, die von den Skrupeln der meisten Unternehmer lebt, hochkarätige und langjährige Mitarbeiter zu entlassen; sie stellen keine Stellenvermittlung dar, unterstützen aber die Stellensuchenden, arbeitslose Manager, bei ihrer Jobsuche und bieten psychologische Betreuung an. Es hat dabei den Anschein, auch aufgrund entsprechender Sprachregelungen, als sei der Entlassene nie entlassen worden: Ein Manager wird demnach nicht „entlassen“, sondern er „trennt sich“ von seiner Firma und kümmert sich um seine „Karrierefortsetzung“. Da alle in der gleichen Situation sind, entsteht unter ihnen so etwas wie ein Wir-Gefühl.

Auf der Bühne agieren zwei Frauen und eine größere Anzahl Männer, an ihrer Kleidung als Führungskräfte erkennbar. Die früheren Führungskräfte, nun arbeitslose Manager, Top Dogs, folgen den demütigenden Anweisungen ihrer **Betreuer**, deren liebstes Instrument „Rollenspiel“ heißt. Es bleibt offen, ob die arbeitslosen Top Dogs Opfer oder Täter der ökonomischen Regeln sind, die sie selbst einmal mitvertreten haben.

Die **Zuschauer** sitzen auf fahrbaren Tribünen, die diese von Position zu Position schieben, die **Bühne bleibt so veränderbar**, das Spiel wird zu einem **Spiel zwischen Distanz und Nähe**. Der Zuschauer muss den Eindruck gewinnen, dass er selbst Teil der Ellenbogengesellschaft ist, die ihm selbst zum Verhängnis werden könnte.

Das Spiel auf der Bühne ist gekennzeichnet durch **unterschiedliche Stilebenen**, durch harte Schnitte, abrupte Wechsel der Tempi. Häufig eingestreutes Management-Englisch bestimmt die **sprachliche Form**. **Es gibt auch kabarettistische** und komödiantische Einlagen. Die Top Dogs sind nach ihrer Entlassung mit Gefühlen konfrontiert, deren Bewältigung sie nicht gelernt haben. Bei ihrer erfolgreichen Berufstätigkeit haben sie die Gefühlswelt ausgeblendet und das bloße Funktionieren und das Bewältigen äußerer Erfordernisse in den Vordergrund gestellt. Versuche der entlassenen Topmanager, mit der Situation fertig zu werden, sind z. B.:

- Gefühlsbereich ignorieren, roboterartiges Funktionieren aufrechterhalten,
- die Realität ignorieren und verleugnen,
- sich mit den Normen und geschäftlichen Praktiken der ehemaligen Firma identifizieren.

Diese **Anpassungsstrategien** verhindern jedoch einen konstruktiven Umgang mit den neuen Gegebenheiten der Arbeitslosigkeit.

Aufgabenstellung

1. Interpretieren Sie die Dramenszene, kennzeichnen Sie den Zusammenhang dieser Szene im Gesamtdrama.
2. Verfassen Sie einen kritischen persönlichen Kommentar; beziehen Sie sich dabei auf gegenwärtige sprachliche und ökonomische Zusammenhänge.

Arbeitsschritt 1: Was sagt mir der Text? Wie wirkt der Text auf mich?

(1) Klären Sie die Aufgabenstellung (Teil 1): Worum geht es in diesem Drama? Lesen Sie dazu die Inhaltsangabe und formulieren Sie eine knappe, stichwortartige Zusammenfassung.

(2) Überfliegen Sie den Text; formulieren Sie erste Eindrücke und Einsichten.

Arbeitsschritt 2: Was steht im Text? Wie erschließe ich mir den Text?

(1) Nennen Sie die beiden Teile der Szene und kennzeichnen Sie diese.

(2) Kennzeichnen Sie den ersten Teil der Szene (Z. 1–60) genauer: Wer führt das Gespräch? Wer reagiert eher? Welche Sprechakte (z. B. *bitten, erklären, befehlen, fragen, feststellen, behaupten*) stehen für wen im Vordergrund? Nehmen Sie im Text Markierungen vor bzw. machen Sie Randnotizen.

(3) Kreuzen Sie an, was Ihrer Meinung nach für den ersten Teil der Szene (Simulation des Entlassungsgesprächs) inhaltlich zutrifft.

- ☐ a) Marktmechanismen entscheiden über Mitmenschlichkeit.
- ☐ b) Wirtschaftliche Entwicklungen bestimmen die im Management getroffenen Entscheidungen.
- ☐ c) Bihler entscheidet persönlich und souverän.
- ☐ d) Bihler diktiert die getroffenen Entscheidungen (Ich-Form).
- ☐ e) Bihler zieht sich aus der persönlichen Verantwortung hinter den Konzern zurück. Er argumentiert aus ökonomischer Sicht (Wir-Form).
- ☐ f) Bihler ist abhängig vom System.
- ☐ g) Tschudi ist von der Qualität seiner Leistung überzeugt.
- ☐ h) Tschudi versteht die Gründe seiner Entlassung.
- ☐ i) Tschudi ist seine Entlassung unverständlich.
- ☐ j) Die Entlassung wird vom Chef unter dem Gesichtspunkt der Gewinnmaximierung gesehen.

(4) Markieren Sie Beispiele im Text, wo Bihler in der Wir-Form spricht und wo er in der Ich-Form spricht; geben Sie dafür eine knappe Erklärung.

____

____

____

____

____

(5) Konzentrieren Sie sich jetzt auf den zweiten Teil der Szene.
- Wie verhält sich Bihler? Inwiefern kann man von einer Figur mit zwei Seiten sprechen?
- Wie verhält sich Tschudi?

Formulieren Sie Ihre Antworten in knapper, stichwortartiger Form.

____

____

____

____

____

Arbeitsschritt 3: Welchen Sinn hat der Text? Welche Aussage macht er? Welche Deutung lässt er zu?

(1) Beziehen Sie sich auf den ersten Deutungsansatz (s. Arbeitsschritt 1). Beurteilen Sie das Verhalten Bihlers im Rollenspiel als Chef und als Selbstbetroffener im Gespräch über das Rollen-

spiel. Welche Rückschlüsse auf die Persönlichkeitsstrukturen der Manager und auf das ökonomische System lassen sich daraus ziehen? Formulieren Sie in knapper stichwortartiger Form.

(2) Notieren Sie Gesichtspunkte für einen knappen persönlichen Kommentar (s. S. 57).

Arbeitsschritt 4:
Wie gliedere ich meine Arbeitsergebnisse?

Arbeitsschritt 5:
Wie formuliere ich? Wie überarbeite ich meine Darstellung?

(1) Fertigen Sie eine Gliederung an; gliedern Sie Ihre Darstellung wie gewohnt nach
- **Einleitung** (Überblickssatz mit knappen Hinweisen zu Autor, Szene, Einordnung in das gesamte Drama, Thematik, Inhalt, erster Deutungsansatz/vgl. Arbeitsschritt 1),
- **Hauptteil** (s. Arbeitschritte 2 und 3) und
- **Schlussteil** (z. B. persönlicher Kommentar).

(2) Nutzen Sie bei der Niederschrift fachspezifisches Vokabular und passende Formulierungen; denken Sie auch an Folgendes:
- Abschnitte,
- Formulierungen zur Leserführung,
- Zitate: als eine Art „Beweisstück" ist es ein wichtiges Element der Textinterpretation (bei wörtlichen Zitaten bitte Anführungszeichen und Zeilenangabe nicht vergessen),
- Durchsicht Ihrer Niederschrift auf Fehler zum Ausdruck/Stil, zur Rechtschreibung und Zeichensetzung.

Information

Formulierungshilfen

- *Themenformulierung:*
Der Text handelt von .../thematisiert .../beschäftigt sich mit ...; Die Thematik des Textes bezieht sich auf ...; ...
- *Formulierung der Deutungshypothese/der Deutung:*
Offenbar geht es um ...; Die Hauptfigur befindet sich offenbar in einer Situation, die ...; Die Untersuchung hat erwiesen ...; Der oben formulierte erste Deutungsansatz kann jetzt genauer bestimmt werden ...; ...
- *Erklärung und Deutung sprachlicher Mittel:*
Dies lässt sich deuten/verstehen/auffassen als ...; Damit ist wohl gemeint, dass ...; Die Metapher kann man als Hinweis darauf verstehen, ...; Die nonverbalen Reaktionen der Figur lassen darauf schließen, dass ...; Das Personalpronomen *wir* drückt aus, ...; ...
- *Erklärende Wendungen allgemein, z. B.:*
beispielsweise, nämlich, und zwar, z. B., wie, ...

Zum Ausdruck und Stil

- Vermeidung von Füllwörtern (eigentlich, etwa, ohne Zweifel, auch, ...)
- Variation von Satzanfängen
- grammatische Entsprechungen: dem Plural des Subjekts entspricht in der Regel der Plural des Prädikats; Apposition steht immer im gleichen Fall wie das erläuterte Substantiv
- Vermeidung von Umgangssprache
- sparsame Verwendung von Adjektiven
- Verdeutlichung der Ausdrucksabsicht durch Wortstellung im Satz
- indirekte Redewiedergabe: Beachtung von Redeeinleitung und Modus des Konjunktivs

Weitere Trainingsmöglichkeit

Aufgabenstellung

Erschließen Sie den folgenden Ausschnitt aus dem Drama „Dantons Tod" von Georg Büchner:

1. Geben Sie den Inhalt der Szene zusammenfassend wieder und ordnen Sie diese in den Zusammenhang des Dramas ein.

2. Analysieren Sie das Gespräch im Hinblick auf die Einstellung Dantons und seiner Gefährten und im Hinblick auf Büchners Selbstdeutung. Beziehen Sie dazu den folgenden Ausschnitt aus Büchners Brief vom März 1834 mit ein.

[...] Ich studierte die Geschichte der Revolution. Ich fühlte mich wie zernichtet unter dem grässlichen Fatalismus der Geschichte. Ich finde in der Menschennatur eine entsetzliche Gleichheit, in den menschlichen Verhältnissen eine unabwendbare Gewalt, allen und keinem verliehen. Der Einzelne nur Schaum auf der Welle, die Größe ein bloßer Zufall, die Herrschaft des Genies ein Puppenspiel, ein lächerliches Ringen gegen ein ehernes Gesetz, es zu erkennen das Höchste, es zu beherrschen unmöglich. Es fällt mir nicht mehr ein, vor den Paradegäulen[1] und Eckstehern[2] der Geschichte mich zu bücken. Ich gewöhnte mein Auge ans Blut. Aber ich bin kein Guillotinenmesser. Das *Muss* ist eins von den Verdammungsworten, womit der Mensch getauft worden. Der Ausspruch: Es muss ja Ärgernis kommen, aber wehe dem, durch den es kommt, ist schauderhaft. Was ist das, was in uns lügt, mordet, stiehlt? [...]

[1] hier: für ihre Auftritte vor der Öffentlichkeit kostümierte und dekorierte Herrscher
[2] hier: Höflinge der Mächtigen, unbedeutende Zeitgenossen

Georg Büchner

Dantons Tod

ZWEITER AKT

[Erste Szene]

Ein Zimmer

Danton. Lacroix. Philippeau. Paris. Camille Desmoulins.

CAMILLE. Rasch, Danton, wir haben keine Zeit zu verlieren!

DANTON *(er kleidet sich an)*. Aber die Zeit verliert uns. Das ist sehr langweilig, immer das Hemd zuerst und dann die Hosen darüberzuziehen und des Abends ins Bett und morgens wieder herauszukriechen und einen Fuß immer so vor den anderen zu setzen; da ist gar kein Absehen, wie es anders werden soll. Das ist sehr traurig, und dass Millionen es schon so gemacht haben, und dass Millionen es wieder so machen werden, und dass wir noch obendrein aus zwei Hälften bestehen, die beide das Nämliche tun, sodass alles doppelt geschieht – das ist sehr traurig.

CAMILLE. Du sprichst in einem ganz kindlichen Ton.

DANTON. Sterbende werden oft kindisch.

LACROIX. Du stürzest dich durch dein Zögern ins Verderben, du reißt alle deine Freunde mit dir. Benachrichtige die Feiglinge, dass es Zeit ist, sich um dich zu versammeln, fordere sowohl die vom Tale als die vom Berge auf! Schreie über die Tyrannei der Dezemvirn[1], sprich von Dolchen, rufe Brutus an, dann wirst du die Tribunen erschrecken und selbst die um dich sammeln, die man als Mitschuldige Héberts bedroht! Du musst dich deinem Zorn überlassen. Lasst uns wenigstens nicht entwaffnet und erniedrigt wie der schändliche Hébert sterben!

DANTON. Du hast ein schlechtes Gedächtnis, du nanntest mich einen toten Heiligen. Du hattest mehr recht, als du selbst glaubtest. Ich war bei den Sektionen; sie waren erfurchtsvoll, aber wie Leichenbitter. Ich bin eine Reliquie, und Reliquien wirft man auf die Gasse, du hattest recht.

LACROIX. Warum hast du es dazu kommen lassen?

DANTON. Dazu? Ja, wahrhaftig, es war mir zuletzt langweilig. Immer im nämlichen Rock herumzulaufen und die nämlichen Falten zu ziehen! Das ist erbärmlich. So ein armseliges Instrument zu sein, auf dem eine Saite immer nur einen Ton angibt! – 's ist nicht zum Aushalten. Ich wollte mir's bequem machen. Ich habe es erreicht; die Revolution setzt mich in Ruhe, aber auf andere Weise, als ich dachte.
Übrigens, auf was sich stützen? Unsere Huren könnten es noch mit den Guillotinen-Betschwestern aufnehmen; sonst weiß ich nichts. Es lässt sich an den Fingern herzählen; die Jakobiner haben erklärt, dass die Tugend an der Tagesordnung sei, die Cordeliers nennen mich Héberts Henker, der Gemeinderat tut Buße, der Konvent – das wäre noch ein Mittel! Aber es gäbe einen 31. Mai, sie würden nicht gutwillig weichen. Robespierre ist das Dogma der Revolution, es darf nicht ausgestrichen werden. Es ginge auch nicht. Wir haben nicht die Revolution, sondern die Revolution hat uns gemacht.
Und wenn es ginge – ich will lieber guillotiniert werden als guillotinieren lassen. Ich hab es satt; wozu sollen wir Menschen miteinander kämpfen? Wir sollten uns nebeneinandersetzen und Ruhe haben. Es wurde ein Fehler gemacht, wie wir geschaffen wurden; es fehlt uns etwas, ich habe keinen Namen dafür – aber wir werden es einander nicht aus den Eingeweiden herauswühlen, was sollen wir uns drum die Leiber aufbrechen? Geht, wir sind elende Alchymisten!

CAMILLE. Pathetischer gesagt, würde es heißen: Wie lange soll die Menschheit in ewigem Hunger ihre eignen

[1] die zehn Mitglieder des Wohlfahrtsausschusses

Glieder fressen? Oder: Wie lange sollen wir Schiffbrüchige auf einem Wrack in unlöschbarem Durst einander das Blut aus den Adern saugen? Oder: Wie lange sollen wir Algebraisten im Fleisch beim Suchen nach dem unbekannten, ewig verweigerten X unsere Rechnungen mit zerfetzten Gliedern schreiben?

DANTON. Du bist ein starkes Echo.

CAMILLE. Nicht wahr, ein Pistolenschuss schallt gleich wie ein Donnerschlag. Desto besser für dich, du solltest mich immer bei dir haben.

PHILIPPEAU. Und Frankreich bleibt seinen Henkern?

DANTON. Was liegt daran? Die Leute befinden sich ganz wohl dabei. Sie haben Unglück; kann man mehr verlangen, um gerührt, edel, tugendhaft oder witzig zu sein, oder um überhaupt keine Langeweile zu haben? – Ob sie nun an der Guillotine oder am Fieber oder am Alter sterben! Es ist noch vorzuziehen, sie treten mit gelenken Gliedern hinter die Kulissen und können im Abgehen noch hübsch gestikulieren und die Zuschauer klatschen hören. Das ist ganz artig und passt für uns; wir stehen immer auf dem Theater, wenn wir auch zuletzt im Ernst erstochen werden.

Es ist recht gut, dass die Lebenszeit ein wenig reduziert wird; der Rock war zu lang, unsere Glieder konnten ihn nicht ausfüllen. Das Leben wird ein Epigramm, das geht an; wer hat auch Atem und Geist genug für ein Epos in fünfzig oder sechzig Gesängen? 's ist Zeit, dass man das bisschen Essenz nicht mehr aus Zubern, sondern aus Likörgläschen trinkt; so bekommt man doch das Maul voll, sonst konnte man kaum einige Tropfen in dem plumpen Gefäß zusammenrinnen machen.

Endlich – ich müsste schreien; das ist mir der Mühe zu viel, das Leben ist nicht die Arbeit wert, die man sich macht, es zu erhalten.

PARIS. So flieht, Danton!

DANTON. Nimmt man das Vaterland an den Schuhsohlen mit?

Und endlich – und das ist die Hauptsache: Sie werden's nicht wagen. *(Zu Camille:)* Komm, mein Junge; ich sage dir, sie werden's nicht wagen. Adieu, adieu! *(Danton und Camille ab.)*

PHILIPPEAU. Da geht er hin. [...]

(1835)

Danton besteigt das Schafott (Radierung von Tony Johannot, um 1840).

Jakob Steinhardt: Die Stadt (1913)

Vergleichende Interpretation zweier motivgleicher Gedichte

Emil Nicolai

Straßenbild

Ein Menschenhauf – ein Schutzmann – und ein Karren
und auf dem Karren ein betrunk'nes Weib.
Notdürft'ge Kleidung deckt den magern Leib –
die Nase spitz, wie eines Giebels Sparren.

Die Menge gafft – und tut der Dinge harren,
die sich entwickeln ihr zum Zeitvertreib. –
Und mancher Schimpf trifft das betrunk'ne Weib,
des Augen glasig in die Leere starren.

Sie griff zur Flasche in des Lebens Not,
als ihr das Herz umkrallt der Ohnmacht Gram;
die Kinder weinten: „Mutter! – Hunger! – Brot!"

Nun deckt die blassen Wangen brennend Rot
wie in des Unglücks unbewusster Scham –
Der Karren rollt. Ein Opfer – lebend tot.

(1910)

Georg Heym

Die Stadt

Sehr weit ist diese Nacht. Und Wolkenschein
Zerreißet vor des Mondes Untergang.
Und tausend Fenster stehn die Nacht entlang
Und blinzeln mit den Lidern, rot und klein.

Wie Aderwerk gehn Straßen durch die Stadt,
Unzählig Menschen schwemmen aus und ein.
Und ewig stumpfer Ton von stumpfem Sein
Eintönig kommt heraus in Stille matt.

Gebären, Tod, gewirktes Einerlei,
Lallen der Wehen, langer Sterbeschrei,
Im blinden Wechsel geht es dumpf vorbei.

Und Schein und Feuer. Fackeln rot und Brand,
Die drohn im Weiten mit gezückter Hand
Und scheinen hoch von dunkler Wolkenwand.

(1911)

Aufgabenstellung

1. Vergleichen Sie in einer Interpretation die Stadtgedichte des Naturalisten Emil Nicolai und des Expressionisten Georg Heym.
2. Berücksichtigen Sie bei Ihrem Vergleich auch literaturgeschichtliche Zusammenhänge.

Methode

Textvergleich: vergleichende Interpretation poetischer Texte und vergleichende Analyse von Sachtexten

a) Man bearbeitet in knapper Form die beiden Texte hintereinander und schließt den Vergleich als dritten Teil an, indem die Ergebnisse der Interpretation/Analyse der beiden Einzeltexte gebündelt und systematisch miteinander verglichen werden.
Im Überblick:

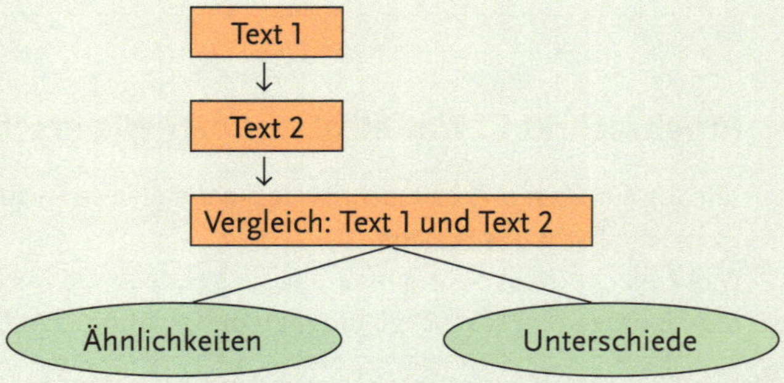

b) Zunächst wird einer der beiden Texte bearbeitet; man beginnt am besten mit dem Text, der einem am meisten zu sagen hat. An die Interpretation/Analyse des ersten Textes schließt die Bearbeitung des zweiten Textes an, und zwar so, dass während der Interpretation/Analyse des zweiten Textes bereits Vergleichsgesichtspunkte (Gemeinsamkeiten/Unterschiede) einbezogen werden. Den roten Faden dieses zweiten Teils bilden also die Vergleichskriterien.
Im Überblick:

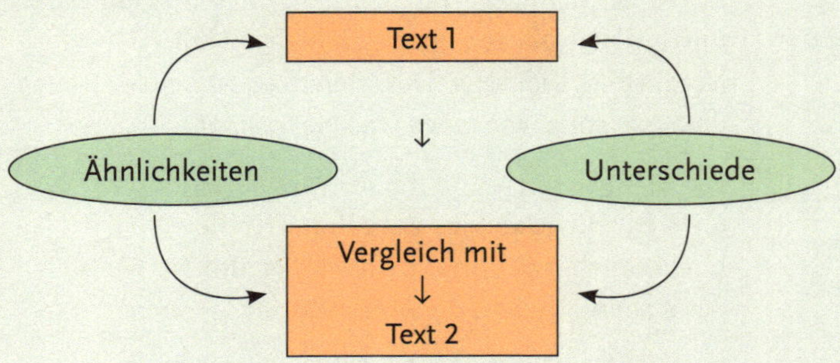

Bei dem folgenden Gedichtvergleich wird nach der Möglichkeit b) vorgegangen:
1. Interpretation des Gedichts „Straßenbild“ von Emil Nicolai,
2. Interpretation des Gedichts „Die Stadt“ von Georg Heym mit gleichzeitigem vergleichendem Bezug auf das Gedicht von Emil Nicolai (1).

Bei der Interpretation wird im Sinne einer bestimmten Schrittfolge vorgegangen (s. S. 52 und unten).

1. Interpretation: Emil Nicolai, Straßenbild

Arbeitsschritt 1: Was sagt mir der Text? Wie wirkt der Text auf mich?

(1) Lesen Sie das Gedicht. Schreiben Sie erste Eindrücke zum Thema, zur Form und zur Zeitsituation auf.

(2) Formulieren Sie stichwortartig einen ersten vorläufigen Deutungsansatz.

Arbeitsschritt 2: Was steht im Text? Wie erschließe ich mir den Text?

Wichtig für diesen Arbeitsschritt ist die detaillierte Auseinandersetzung mit dem Gedicht; es hat die Form des Sonetts.

Das Gedicht muss sehr genau, möglicherweise mehrere Male gelesen werden. Es sollten Markierungen im Text vorgenommen und Randnotizen formuliert werden.

(1) Führen Sie stichwortartig auf, was Sie den Markierungen und Randnotizen entnehmen können.

Emil Nicolai

Straßenbild

Randnotizen links (Sonett)	Gedicht	Randnotizen rechts
1. Quartett: Darstellung des Vorgangs: betrunkene, kranke F.	Ein Menschenhauf – ein Schutzmann – und ein Karren und auf dem Karren ein betrunk'nes Weib. Notdürft'ge Kleidung deckt den magern Leib – die Nase spitz, wie eines Giebels Sparren.	Sprecher i. Gedicht Beobachter, Kommentator: nimmt Partei Vergleich
2. Quartett: Verhalten der Menge/Spießbürger	Die Menge gafft – und tut der Dinge harren, die sich entwickeln ihr zum Zeitvertreib. – Und mancher Schimpf trifft das betrunk'ne Weib, des Augen glasig in die Leere starren.	Sinnlosigkeit
1. Terzett: interpretierender Rückblick	Sie griff zur Flasche in des Lebens Not, als ihr das Herz umkrallt der Ohnmacht Gram; die Kinder weinten: „Mutter! – Hunger! – Brot!“	Tempuswechsel
2. Terzett: Mitleid/Anteilnahme des Sprechers	Nun deckt die blassen Wangen brennend Rot wie in des Unglücks unbewusster Scham – Der Karren rollt. Ein Opfer – lebend tot.	typisch für Naturalismus: soziales Elend wird benannt

(2) Formulieren Sie Hinweise zu den folgenden Zusammenhängen:

- Thema/Inhalt: Was wird als typisch für die Großstadt dargestellt?

- inhaltliche Gliederung nach Strophen

- Einstellung des lyrischen Sprechers

- sprachliche Gestaltung/Besonderheiten der Sprache: Wortschatz, Satzbau, Zeitform, Metapher, Vergleich

- klangliche Form: Strophe, Reim, Metrum (vgl. Sonettform, Info-Kasten)

Information

Sonett

Italienische Gedichtform; Nachbildungen gibt es in allen europäischen Sprachen und Kulturen mit zahlreichen Varianten des Grundschemas. Die Grundform bildet ein **14-zeiliges Gedicht**, das sich aus zwei Vierzeilern (Quartetten) und zwei Dreizeilern (Terzetten) zusammensetzt. **Quartette und Terzette sind gereimt**. Der äußeren Form des Sonetts entsprechen der syntaktische Bau und die innere Struktur. So stellen die Quartette in These und Antithese die Themen des Gedichtes auf, die Terzette führen diese Themen durch und bringen die Gegensätze zur Synthese. Quartette und Terzette stehen sich im Verhältnis von Erwartung und Erfüllung, von Spannung und Entspannung gegenüber, syntaktisch kann es auch das Verhältnis von Voraussetzung und Folgerung, von Behauptung und Beweis sein.

(3) Inwieweit zeigt das Gedicht typische Merkmale des Naturalismus? Lesen Sie dazu die Hinweise im Info-Kasten und geben Sie eine knappe Erklärung.

Information

Zur literarischen Bewegung des Naturalismus
Die Schriftsteller des Naturalismus (etwa 1880–1900) rücken vor allem den von der Gesellschaft ausgestoßenen Menschen der unteren Klasse ins Zentrum ihrer Werke. Die Dichtung will ein möglichst **wirklichkeitsgetreues Abbild der sozialen Probleme** geben, um damit die Leser für die soziale Problematik der neuen Zeit zu sensibilisieren. Es geht dabei auch um eine Kritik am wilhelminischen Obrigkeitsstaat. Gegenstand der Literatur sind Themen, die im bürgerlichen Realismus noch verpönt waren: das Großstadt- und Armenmilieu, das soziale Elend der Fabrikarbeiter, die Kneipenatmosphäre, Alkoholismus und soziale Probleme der Familien. Die Formel der naturalistischen Dichtkunst **Kunst = Natur – x** geht auf den Theoretiker des Naturalismus Arno Holz zurück. Die Größe x soll möglichst klein sein; sie stellt den Anteil künstlerischer Gestaltung dar. Holz fordert, die naturalistische Kunst müsse gleichzeitig eine Revolution der künstlerischen Mittel sein.

Arbeitsschritt 3: Welchen Sinn hat der Text? Welche Aussagen macht er? Welche Aussage lässt er zu?

(1) Beziehen Sie sich zurück auf ihren vorläufigen ersten Deutungsansatz. Erklären Sie in knapper Form, wieweit sich dieser aufrechterhalten lässt.

____

____

____

____

____

2. Interpretation: Georg Heym, Die Stadt – Vergleich mit Emil Nicolai, Straßenbild

Georg Heym

Die Stadt

Gedichtform: Sonett

Sehr weit ist diese Nacht. Und Wolkenschein
Zerreißet vor des Mondes Untergang.
Und tausend Fenster stehn die Nacht entlang
Und blinzeln mit den Lidern, rot und klein.

„und"-Reihungsstil

Untergangsstimmung

Wie Aderwerk gehn Straßen durch die Stadt,
Unzählig Menschen schwemmen aus und ein.
Und ewig stumpfer Ton von stumpfem Sein
Eintönig kommt heraus in Stille matt.

Metaphorik
Eintörigkeit

Gebären, Tod, gewirktes Einerlei,
Lallen der Wehen, langer Sterbeschrei,
Im blinden Wechsel geht es dumpf vorbei.

Und Schein und Feuer, Fackeln rot und Brand,
Die drohn im Weiten mit gezückter Hand
Und scheinen hoch von dunkler Wolkenwand.

Metaphorik
Ausblick auf Apokalypse

typisch für den Expressionismus:
- substantivischer Sprachstil
- Reihungsstil
- ungewöhnliche, neue Ausdrucksformen
- Untergangsthematik

(1) Entnehmen Sie dem markierten Text die wichtigsten Informationen zu den folgenden Untersuchungsgesichtspunkten; ergänzen Sie diese ggf. durch Hinweise auf weitere Details; notieren Sie stichwortartig. (Beachten Sie die Hinweise zur literarischen Bewegung *Expressionismus* im folgenden Info-Kasten.)

- Thematik, Deutungsansatz

___

___

___

- lyrische Form

___

___

___

- Wort- und Satzgestaltung, Sprachbilder, Sprachstil

___

___

___

___

- typisch für den Expressionismus

___

___

___

Information

Hinweise zum Expressionismus

Der Expressionismus (etwa erstes Viertel des 20. Jahrhunderts) ist eine revolutionäre Bewegung junger Leute, die sich u. a. kritisch mit Problemen der modernen Zivilisation und Großstadtwelt auseinandersetzen, aber auch mit erstarrten Konventionen, verlogen erscheinenden Moralvorstellungen ihrer Vätergeneration, mit Verkrustungen der Sprache und epigonenhafter Literatur, mit den Schrecken des Krieges sowie reaktionären Entwicklungen. Die **Auseinandersetzung mit der modernen Gesellschaft** sowie der **Verlust der Transzendenz** sind Kernmotive expressionistischer Dichtung, insbesondere der Lyrik. Expressionistische Schriftsteller suchen nach einer neuen Sprache, weil sie glauben, dass die vorgegebene Sprache ein Teil der als frustrierend und langweilig erlebten Realität ist.

Freundschaft und Liebe sind allen Menschen zugedacht, besonders aber dem Außenseiter der Gesellschaft. In ihren Visionen beschwören die Expressionisten **Untergang, Verfall und Weltende**, auf der anderen Seite aber auch **Aufbruch und Neuanfang**. Zu den bitteren Paradoxien der Bewegung gehört, dass die apokalyptischen Visionen durch die Schrecken des Krieges eingeholt werden und viele junge Künstler an der Front umkommen.

Die Sprache expressionistischer Kunstwerke ist meist **subjektivistisch gefärbt**, wobei von einer realistischen Darstellung, wie im Naturalismus, Abstand genommen wird. Man will die Welt in ihrem „eigentlichen Zustand“ zeigen. Die Sprache erhält oft einen provokanten, aggressiven Ton, sie wird nicht selten entgegen den gewohnten Regeln benutzt. Kennzeichen expressionistischer Lyrik sind vor allem:

- Zurückdrängen der Sätze zugunsten der Wörter (Reihungsstil),
- traditionelle Form im Widerspruch zum Inhalt,
- Wort- und Satzfetzen, Satzellipsen,
- bildhafte Sprache,
- Mehrdeutigkeiten und Chiffren,
- Neologismen,
- Sprachverknappung,
- Nichtbeachtung grammatischer Regeln,
- Tabuthemen,
- Auflösung von Bewusstseinszusammenhängen.

(2) Vergleichen Sie die beiden Gedichte; setzen Sie jeweils in die Kästchen (a) oder (b) ein.
a – Emil Nicolai
b – Georg Heym

☐ 1. Das Gedicht enthält eine große Anzahl von Nomen und Adjektiven und eine geringere Anzahl von Verben.

☐ 2. An einem Beispiel wird kritisch auf die Probleme des Großstadtlebens aufmerksam gemacht.

☐ 3. Das Gedicht enthält Wortfelder der Vergänglichkeit und der Natur.

☐ 4. Im Mittelpunkt der Aussage steht die Eintönigkeit der Stadt und der Ausblick auf eine Apokalypse.

☐ 5. Die Verben unterstützen die Untergangsvisionen.

☐ 6. Es gibt einen Sprecher, der in geballter Form unterschiedliche Phänomene anspricht.

☐ 7. Die Stadt und die Lebensart der Menschen wird als eintönig dargestellt.

☐ 8. Auffallende Sprachmittel sind die Metaphernhäufung und der Vergleich.

☐ 9. Der Text enthält ungewöhnliche Wortneubildungen.

☐ 10. Der lyrische Sprecher nimmt Partei für einen Menschen in Not.

☐ 11. Das sensationslüsterne und spießbürgerliche Verhalten von großstädtischen Menschenmassen wird angeprangert.

☐ 12. Die große Anzahl der Nomen und die Verwendung der Konjunktion *und* bewirken Reihungsstil.

☐ 13. Es soll ein ungeschminktes Bild der Großstadt und ihrer sozialen Probleme gezeigt werden.

☐ 14. Die Größe der Stadt wird als negativ dargestellt.

☐ 15. Der Sprecher im Gedicht zeigt Mitgefühl.

☐ 16. Es handelt sich um ein für den Naturalismus typisches Gedicht.

☐ 17. Es handelt sich um ein typisch expressionistisches Gedicht.

☐ 18. Der Sprecher im Gedicht stellt einen Zustand dar.

☐ 19. In dem für die literarische Bewegung des Expressionismus typischen Gedicht wird Kunst als Element der Aufklärung verstanden.

☐ 20. Durch die Art der Adjektive wird der Eindruck von Hinfälligkeit und Vergänglichkeit vermittelt.

Arbeitsschritt 4: Wie gliedere ich meine Arbeitsergebnisse für die schriftliche Darstellung?

Arbeitsschritt 5: Wie überarbeite ich meine Darstellung? Wie formuliere ich?

(1) Ergänzen Sie die folgende Gliederung, indem Sie den Hauptteil ausdifferenzieren. Nutzen Sie dazu die oben angeführten Arbeitsschritte 1–3.

Einführungsteil
Knapper Überblickssatz zur Aufgabe, zu den beiden Gedichten, ihren Autoren, zur Thematik und zur Entstehungszeit

Hauptteil

1 ______________________________

1.1 ______________________________

1.2 ______________________________

1.3 ______________________________

2 ______________________________

2.1 ______________________________

Schlussteil
Kurzes Resümee des Textvergleichs oder Kurzkommentar zum großstädtischen Leben zur Jahrhundertwende und heute

(2) Im Folgenden ist ein Teil des Hauptteils (Punkt 2: Analyse des 2. Textes und zugleich Vergleich mit dem 1. Text) näher ausgeführt.

- Unterstreichen Sie Formulierungen, die vor allem den Vergleich mit den beiden Gedichten herausstellen.
- Beurteilen Sie den Schülertext, überarbeiten Sie ihn ggf. in Ihrem Heft.

[...] Der expressionistische Autor Georg Heym thematisiert bereits in der Überschrift die Stadt; der lyrische Sprecher im Gedicht zählt in reihender Form einzelne Phänomene der Stadt auf, er kennzeichnet in besonderer Weise die Größe: „tausend Fenster“, Z. 3; „Unzählig Menschen“, Z. 6.; Menschen werden als Gegenstände dargestellt (Z. 6); somit wird die Lebensart der Menschen in der Stadt gekennzeichnet. In besonderer Weise bezeichnet der Sprecher im Gedicht in der 2. und 3. Strophe die Eintönigkeit der Abläufe, das ewige Einerlei, die Wiederholung von Geburt und Tod. Bereits in der 1. Strophe ist vom „Untergang“ (Z. 2) die Rede. Dieser verdichtet sich in der 4. Strophe zu einer Untergangsvision; es bleibt offen, ob es bei dieser Apokalypse um die Vernichtung der vorher in negativer Weise gekennzeichneten städtischen Welt oder um die Vernichtung der ganzen Welt geht.
Ganz anders ist das Thema *Stadt* in dem Gedicht von Emil Nicolai dargestellt, was sich bereits in der Überschrift „Straßenbild“ zeigt. Am Beispiel einer betrunkenen Frau, die auf einem Karren abtransportiert wird, und der Reaktionen einer gaffenden Menge wird in kritischer Weise auf ein Merkmal modernen Großstadtlebens aufmerksam gemacht: Man nimmt keinen Anteil mehr am Schicksal seiner Mitmenschen, sondern genießt vielmehr in spießbürgerlicher Weise die Sensationen, die sich im städtischen Alltag bieten. Man hat keinerlei Verständnis für das, was den eigenen Lebensformen nicht entspricht: Alkoholismus und seine Ursachen. Der Sprecher im Gedicht dagegen ergreift für die abtransportierte Frau Partei, fragt nach den Ursachen und trifft die mitleidsvolle Aussage „Ein Opfer – lebend tot“ (Z. 14). So macht ein Vergleich der Thematik deutlich: Während im Gedicht von Nicolai ein konkretes Ereignis, ein „Straßenbild“, im Mittelpunkt steht und der Sprecher kritisch auf die Probleme der städtischen Gesellschaft aufmerksam macht, kennzeichnet der lyrische Sprecher in dem Gedicht von Georg Heym in allgemeiner Weise die Stadt vor allem als eintönig, stumpf und dumpf, um dann in einer Untergangsvision den Untergang der Stadt anzudeuten.

(3) Wählen Sie einen anderen Teil des Hauptteils (s. oben) und führen Sie diesen aus. Beachten Sie für eine Überarbeitung Ihres ersten Entwurfs die Hinweise im Info-Kasten.

Information

Beispiele für Formulierungsbausteine beim Gedichtvergleich

- Wie man aus der vorangehenden Interpretation ersehen kann, handelt es sich bei beiden Gedichten ...
- Das zweite Gedicht nähert sich dem Thema völlig anders ...
- Auffallend ist, dass beide Texte ...
- Nahezu identisch sind ...
- Die beiden Texte weisen aber auch deutliche Unterschiede auf ...
- Demgegenüber begegnet uns im zweiten Gedicht ein Sprecher besonderer Art ...
- Im ersten Gedicht ist der Sprecher als vermittelnde Instanz deutlich erkennbar, im zweiten Gedicht weniger.
- Unterschiedliche Schwerpunkte werden auch gesetzt bei ...
- Mit dieser intentionalen Unterscheidung gehen auch formale Unterschiede einher...
- Zusammenfassend lässt sich feststellen, dass ...
- Als Fazit des Vergleichs ergibt sich ...

(4) Korrigieren Sie die folgenden falschen, ungenauen oder zu allgemeinen Formulierungen.
a) Der Autor nimmt Partei für die physisch und psychisch zerstörte Frau.
b) Es handelt sich auch sprachlich um ein typisches Gedicht eines Expressionisten, weil bestimmte Wortfelder vermitteln den Eindruck von Vergänglichkeit.
c) Im Text von Emil Nicolai geht es eigentlich um den Zusammenhang von Hunger, Armut und Alkoholismus.
d) In Zeile 11 weinten die Kinder.
e) Besonders treffend finde ich auch die treffenden Nomen.

Weitere Trainingsmöglichkeit

Aufgabenstellung

Vergleichen Sie die Gedichte „Robinson" von Christa Reinig und „Robinson I" von Karl Krolow. Gehen Sie bei diesem Vergleich auf Überschrift, Kernaussage und auffallende Textmerkmale ein.

Christa Reinig

Robinson

Manchmal weint er wenn die worte
still in seiner kehle stehn
doch er lernt an seinem orte
schweigend mit sich umzugehn

und erfindet alte dinge
halb aus not und halb im spiel
splittert stein zur messerklinge
schnürt die axt an einen stiel

kratzt mit einer muschelkante
seinen namen in die wand
und der allzu oft genannte
wird ihm langsam unbekannt

(1984)

Karl Krolow

Robinson I

Immer wieder strecke ich meine Hand
Nach einem Schiff aus.
Mit der bloßen Faust versuche ich,
Nach seinem Segel zu greifen.
Anfangs fing ich
Verschiedene Fahrzeuge, die sich
Am Horizont zeigten.
Ich fange Forellen so.
Doch der Monsun sah mir
Auf die Finger
Und ließ sie entweichen,
Oder Ruder und Kompass
Brachen. Man muss
Mit Schiffen zart umgehen.
Darum rief ich ihnen Namen nach.
Sie lauteten immer
Wie meiner.

Jetzt lebe ich nur noch
In Gesellschaft mit dem Ungehorsam
Einiger Worte.

(1965)

Information

„Robinson Crusoe"

Der Roman „Robinson Crusoe" von Daniel Defoe handelt von den Abenteuern des Seemanns Robinson Crusoe, der, nach einem Schiffbruch an Land gespült, 28 Jahre allein auf einer unbewohnten Insel im Pazifik lebte.

Training: Mündliche Zusatzprüfung

Information

Im Fach Deutsch als verpflichtendes schriftliches Abiturfach kann eine Kolloquiumsprüfung nicht abgelegt werden. Wohl aber ist eine **mündliche Zusatzprüfung** von 20 Minuten möglich, entweder auf Anordnung des Prüfungsausschusses, um dem Prüfling das Bestehen der Prüfung zu ermöglichen, oder auf eigenen Wunsch, um die Note zu verbessern.

Zur **Bearbeitung** der Prüfungsaufgabe haben Sie 20 Minuten Zeit. Es kommt also darauf an, zügig zu arbeiten und sich nicht an einer einzelnen Aufgabe „festzubeißen". Inhaltliche Grundlage sind die Lerninhalte der Jahrgangsstufen 11 und 12 unter Einbeziehung von Grundkenntnissen aus früheren Jahrgangsstufen.

Aufgabenart und **Aufgabenstellung** sind aufgrund der relativ geringen Vorbereitungszeit vereinfacht. Die mündliche Zusatzprüfung nimmt im Rahmen des Zentralabiturs insofern eine besondere Stellung ein, als Sie von Ihrem Fachlehrer betreut werden.

Bei der Aufgabenstellung wird davon ausgegangen, dass die entsprechenden allgemeinen Themenbereiche aus dem Unterricht bekannt sind. Mithilfe der beiden Beispiele (Sachtext, s. unten, und poetischer Text, s. S. 84) können Sie sich auf eine mögliche Zusatzprüfung einstellen.

Im Hinblick auf das hier gewählte erste Aufgabenbeispiel (s. unten) kann angenommen werden, dass im Unterricht u. a. folgende Themenkomplexe bearbeitet worden sind:

- Sprachwandel und Sprachverfall,
- Sprachvarianten: Fachsprache, Jugendsprache, Sprache von Männern und Frauen ...,
- Sprache und Denken (z. B. Sapir-Whorf-Hypothese).

Beispiel 1: Analyse und Beurteilung eines Sachtextes mit Karikatur

Alexander Remler

Ist Deutsch noch sexy?

Abschnitt I

Vor allem in der Werbung setzt sich „Denglisch" immer mehr durch. No future für Deutsch in der Kommunikationsbranche? Rund ein Drittel der Deutschen beherrscht die englische Sprache zumindest so gut, dass sie sich im Urlaub verständigen können. Bleiben immer noch zwei Drittel, für die Werbesprüche à la Nokias „Connecting People" (Menschen verbinden) oder Nestlés „Have a Break. Have a Kitkat" (Mach eine Pause. Nimm ein Kitkat) ein Quell fortgesetzten Ärgers darstellen. „Es muss uns darum gehen, die deutsche Sprache wieder sexy zu machen", glaubt René Heymann von der Agentur Heymann und Schnell. Er will nicht auf englische Wörter generell verzichten, sondern sie so einsetzen, dass sie fantasievoll und nicht anbiedernd wirken. Wie das praktisch geht, hat der Berliner Werber im vergangenen Winter mit der Kampagne für die Berliner Stadtreinigung bewiesen, mit Sprüchen wie „We kehr for you", „Dirty Harry" oder „Saturday Night Feger".

„We kehr for you"
↓
to take care

Abschnitt II

Gegen die „Selbstunterwerfung unter das Englische" kämpft dagegen seit zwei Jahren Walter Krämer, Vorsitzender des Vereins Deutsche Sprache (VDS). Rund 10 000 Unterstützer haben sich als Mitglieder gefunden. Weder die Aufnahme englischer Wörter ins Deutsche noch die Ablehnung st etwas Neues. Schon Turnvater Jahn kämpfte gegen die „Welschsucht", der Psychologe Ludwig Klages gegen die „Schlammfluten der Fremdwörterei". Und 1899 erließ ein gewisser Hermann Dunger eine „Erklärung wider die Engländerei". 1885 zählte der Duden bereits 385 Anglizismen. Über die damals verwendeten Modewörter wie Keks, Rum oder Schal regt sich heute allerdings keiner mehr auf. Das wird mit Begriffen wie Handy, Cyberspace oder Stress, die in den deutschen Wortschatz übernommen worden sind, genauso sein. Wir surfen im Internet, öffnen Homepages und sind fast alle online. Sollen wir in Zukunft netzreiten und websegeln? Wohl kaum, auch wenn die Übersetzung „Winzigweich" für Microsoft noch einen gewissen Unterhaltungswert hat.

Abschnitt III

Viele Dinge werden mit englischen Begriffen benannt, für die es keine Eins-zu-eins-Übersetzung gibt. „Gerade in der IT-Branche sind englische Wörter einfach maßgeblich", meint ein Sprecher von DaimlerChrysler. Daimler Benz hat schon Anfang der Neunzigerjahre Englisch als zweite Konzernsprache eingeführt. Nach der Fusion mit Chrysler, die der Sprecher nur „Merger" nennt, kam der nächste Schritt: Im Management der einst schwäbischen Autoschmiede ist Englisch nun die Hauptsprache. Sprachschulen im Großraum Stuttgart sind seither regelmäßig ausgebucht. Doch der Konzernsprecher beruhigt: „Wenn die Deutschen unter sich sind, wird nicht englisch, sondern immer noch deutsch gesprochen." [...]

Abschnitt IV

Andererseits: Hätten wir Sprachgesetze, die den Gebrauch von Anglizismen einschränken, würde es auch keine so lustigen Stilblüten mehr geben, wie sie etwa das Jugendamt der Diözese Speyer vollbracht hat. Für das „ökumenische Christfest 2000" wollten sie mit dem flotten Titel „The Great Ding Dong" werben und damit auf den Dom und seine Glocken anspielen. Vor allem Engländer klopften sich auf die Schenkel: „Ding Dong" nämlich umschreibt ein spezifisch männliches Körperorgan.

(Berliner Morgenpost, 19.4.2001)

Aufgabenstellung
Analysieren Sie den Text:

a) Kennzeichnen Sie in knapper Form die Thematik von Text und Karikatur.
b) Weisen Sie die argumentative Struktur des Textes nach.
c) Beurteilen Sie, inwieweit es sinnvoll ist, auf Anglizismen zu verzichten.

1 Machen Sie sich zunächst die Aufgabenstellung klar; lesen Sie danach den Text gezielt und genau und beantworten Sie die folgenden Fragen.

Thematik

- Worum geht es in dem Text und bei der Karikatur? Fassen Sie Inhalt/Thematik mit wenigen Worten zusammen.

____

____

____

Argumentationsaufbau

- Formulieren Sie für jeden Abschnitt eine knappe These (nach dem Muster von Abschnitt I, Z. 9 f.).

II. ______________________________

III. ______________________________

IV. ______________________________

- Kennzeichnen Sie durch Einkästeln das jeweilige Beispiel/den Namen/die als Beleg angeführte Autorität (nach dem Muster von Abschnitt I, Z. 11).

Beurteilung

- Inwieweit halten Sie die Übernahme englischer Ausdrücke in die deutsche Sprache für berechtigt? Notieren Sie in Stichworten.

- Inwieweit ist Ihrer Meinung nach eine Anglisierung der Muttersprache abzulehnen? Notieren Sie in Stichworten.

(2) Ergänzen Sie den folgenden Stichwortzettel.

Meine Aufgabe ist es,

a) Thema von Text und Karikatur

b) Argumentationsstruktur

Wichtige These/Behauptung zu Beginn des T.:
– In der Werbung setzt sich „Denglisch" immer mehr durch.

Thesen der folgenden Abschnitte:

c) Beurteilungskriterien

Argumente *für* eine Einbeziehung englischer Fremdwörter

Kritik

Information

Die Vorbereitungszeit von 20 Minuten für die **mündliche Zusatzprüfung** muss sinnvoll genutzt werden
a) für die Bearbeitung der Aufgabe,
b) für knappe Notizen.

Tipps für die Vorbereitungszeit

1. Aufgabenstellung klarmachen,
2. Text gezielt und genau im Hinblick auf die Aufgabenstellung lesen,
3. Markierungen und Randnotizen vornehmen, z. B.: Kernthese, Inhaltsabschnitte, Argumente (Grundsatz: nicht zu viel markieren, übersichtlich arbeiten),
4. nicht in ein Teilproblem „verbeißen“, sondern die Zeit auf die einzelnen Aufgaben verteilen,
5. Notizen übersichtlich gliedern.

Tipps für die mündliche Zusatzprüfung (Dauer: 20 Minuten)

1. Auf Fragen des Prüfers ausführlich und strukturiert eingehen,
2. auf offene Fragen mehrere Aspekte anbieten,
3. Blickkontakt zum einzelnen Prüfer halten,
4. Zeit zum Überlegen nehmen (aber nicht *zu* lange Pausen),
5. bei unverstandener Aufgabe zurückfragen (aber möglichst nur einmal),
6. Gesprächsangebote machen (aber keinen Autor oder Text anbieten, den Sie nicht oder nicht genau genug kennen; Prüfer könnte darauf eingehen, um Ihnen entgegenzukommen).

Beispiel 2: Interpretation eines poetischen Textes (mit Aufgabenschwerpunkt)

Bertolt Brecht

Fragen eines <u>lesenden Arbeiters</u>

Warum gerade ein lesender <u>Arbeiter</u>?

Was will er wissen?

St. 1 – Bauwerke

Wer baute das siebentorige Theben?
In den Büchern stehen die Namen von Königen.
Haben die Könige die Felsbrocken herbeigeschleppt?
Und das mehrmals zerstörte Babylon –
Wer baute es so viele Male auf? In welchen Häusern
Des goldstrahlenden Lima wohnten die Bauleute?
Wohin gingen an dem Abend, wo die Chinesische Mauer fertig war
Die Maurer? Das große Rom
Ist voll von Triumphbögen. Wer errichtete sie? Über wen
Triumphierten die Cäsaren? Hatte das vielbesungene Byzanz
Nur Paläste für seine Bewohner? Selbst in dem sagenhaften Atlantis
Brüllten in der Nacht, wo das Meer es verschlang
Die Ersaufenden nach ihren Sklaven.

4 Strophen: Umfang immer geringer, Fragen immer knapper: Zuspitzung der Problematik

St. 2 – Eroberungen

Der junge Alexander eroberte Indien.
Er allein?
Cäsar schlug die Gallier.
Hatte er nicht wenigstens einen Koch bei sich?
Philipp von Spanien weinte, als seine Flotte
Untergegangen war. Weinte sonst niemand?
Friedrich der Zweite siegte im Siebenjährigen Krieg. Wer
Siegte außer ihm?

St. 3 – Zusammenfassung: Berichte – Fragen

Jede Seite ein Sieg.
Wer kochte den Siegesschmaus?
Alle zehn Jahre ein großer Mann.
Wer bezahlte die <u>Spesen</u>?

Spesen = Geschäftsunkosten

St. 4 – offene Schlussstrophe

So viele Berichte,
So viele Fragen.

Leser wird zur Stellungnahme aufgefordert.

(1938)

Information

Städtenamen und Namen von Eroberern im Text

Theben: im 4. Jahrhundert mächtigste Stadt Griechenlands
Lima: heutige Hauptstadt Perus, ehemals Hauptstadt des Inkareiches, das von dem spanischen Eroberer Pizarro erobert wurde
Byzanz: Hauptstadt des oströmischen Reiches (später Konstantinopel, heute: Istanbul)
Atlantis: sagenhafte Stadt, die im Meer versunken sein soll
Alexander der Große: Feldzug in Indien (327–325 v. Chr.)
Cäsar: Eroberung Galliens (58–51 v. Chr.)
Philipp II.: Seine große Flotte (Armada) erlitt eine vernichtende Niederlage gegen die Engländer (1588).
Friedrich II./Siebenjähriger Krieg: Dem Preußenkönig Friedrich dem Großen gelang es durch diesen Krieg (1756–1763), Preußens Macht zu steigern.

Aufgabenstellung
Interpretieren Sie das Gedicht, indem Sie
a) Thema und Struktur des Textes sowie Brechts Intention nennen/nachweisen,
b) erläutern, welche Rolle dem Leser zugeschrieben wird,
c) Stellung zu den im Text dargestellten Auffassungen von Geschichte und geschichtlich Handelnden nehmen.

Information

Angenommene Voraussetzungen im Unterricht

Es ist von Folgendem auszugehen:
- Im Unterricht sind auch andere Gedichte von Bertolt Brecht bearbeitet worden. Nach Brecht ist Lyrik „für den Gebrauch der Leser“ bestimmt; sie soll nicht eine Welt reiner Schönheit widerspiegeln, die mit dem Alltag nichts zu tun hat. Deshalb ist Brechts Lyrik oft durch reimlose Verse und unregelmäßigen Rhythmus gekennzeichnet. Dadurch will er eine allzu problemlose Einfühlung des Lesers verhindern; vielmehr will er eine kritisch-distanzierte Lesehaltung auslösen.
- Den Schülerinnen und Schülern ist wenigstens ein Drama Brechts bekannt (z. B. „Der gute Mensch von Sezuan“) sowie seine Theorie des *epischen Theaters*. Brecht gehört zu den einflussreichsten Dramatikern und Dramentheoretikern des 20. Jahrhunderts. Für ihn zielt Kunst auf Veränderung der bestehenden (ungerechten) gesellschaftlichen und wirtschaftlichen (kapitalistischen) Verhältnisse. Er kämpfte zeitlebens für eine (in seinem Sinne) bessere und gerechtere Welt. Seine Sympathie gehörte immer den „kleinen Leuten“.

(1) Der Text ist bereits durch Markierungen und Randnotizen bearbeitet worden. Kreuzen Sie an, welche Gesichtspunkte des Textes damit bereits berücksichtigt werden:

☐ Struktur ☐ sprachliche Form ☐ Reimschema ☐ Rhythmus

☐ Leserbezug ☐ Überschrift ☐ Thematik

(2) Beantworten Sie die folgenden Arbeitsaufgaben zum Text mithilfe der bereits vorgenommenen Markierungen und Randnotizen.

a)

- Um welchen Inhalt/welche Thematik geht es in diesem Gedicht?

____
____
____
____

- Fassen Sie mithilfe der Randnotizen die Struktur des Textes zusammen.

____
____
____
____
____
____

Erläutern Sie in knapper Weise Brechts Intention; lesen Sie auch den Info-Kasten zu den Voraussetzungen im Unterricht (S. 85).

b) Erläutern Sie knapp, welche Rolle dem Leser zugewiesen wird.

c) Nehmen Sie selbst beurteilend Stellung; notieren Sie stichwortartig.

3 Ergänzen Sie – bezogen auf die Aufgabenstellungen – den knappen Notizzettel. Berücksichtigen Sie ggf. wichtige Zitate.

a) Thema, Struktur, Intention benennen und nachweisen

Thema: Geschichte/geschichtlich Handelnde: große Männer und kleine Leute (Bauleute, Maurer, Sklaven, Köche)

Struktur:

Intention:

b) Rolle des Lesers erläutern

c) Stellungnahme: Geschichtsauffassung

Neue Perspektive der Geschichtsschreibung

(4) Spielen/simulieren Sie zur Übung (zusammen mit anderen Mitschülern oder in Gedanken) die Prüfungssituation. Versetzen Sie sich dabei in die Rolle des Prüfers. Erproben Sie auch den „schlimmsten Fall“: eine Sprechblockade.
Überlegen Sie weitere mögliche Fragestellungen (s. angenommene Voraussetzungen im Unterricht, S. 85), z. B.:

- Welches weitere Gedicht von Bertolt Brecht ist Ihnen bekannt? Inwieweit ist es typisch für Brecht und lässt sich mit dem Gedicht „Fragen eines lesenden Arbeiters“ vergleichen?
- Inwieweit ist Ihnen Brecht als Dramenautor und Dramentheoretiker bekannt?
- Wodurch unterscheidet sich das epische Theater vom aristotelischen Theater?
- ...

Anhang

Rhetorische Fachbegriffe und Figuren

Die rhetorischen Figuren haben in mündlichen und schriftlichen Texten unterschiedliche Funktionen und entfalten im Kontext unterschiedliche Wirkungen, z. B.: einprägen, vertiefen, Nachdruck ausüben, das eigene Prestige erhöhen, einen persönlichen Kontakt zum Hörer aufbauen, sich einschmeicheln, veranschaulichen, Aufmerksamkeit und Überraschung hervorrufen, abwerten, aufwerten, beschwichtigen. Rhetorische Figuren können sowohl in literarischen Texten (z. B. Gedicht) als auch in Sachtexten (z. B. Rede, Werbetext, Essay) eine Rolle spielen. Da zwischen sprachlichen Formen und ihren Funktionen grundsätzlich kein eindeutiger Zusammenhang besteht, muss die Funktion der Stilmittel für den jeweiligen Text immer wieder neu bestimmt werden.

Begriff	Erläuterung	Beispiel
Akkumulation	Reihung von Begriffen, Häufung	Herz, Liebe, Himmel, Paradies: das Glück
Allegorie	Sinnbild	Justitia: verbundene Augen, Waage, Schwert *(Sinnbild für Gerechtigkeit)*
Alliteration	aufeinanderfolgende Wörter beginnen mit dem gleichen Anlaut	**M**ars **m**acht **m**obil ... *(Werbung)*; **T**itel, **T**hesen, **T**emperamente
Anapher	gleiche Satz- und Versanfänge	Wer möchte das haben? Wer möchte das erleben?
Antithese	Gegenüberstellung von Gegensätzen	Sie geht, er kommt.
Apostrophe	betonte Form der Anrede	Ihr Götter, seid mir gnädig.
Chiasmus	Überkreuzstellung von Wörtern und Sätzen	Die Macht ist groß, doch klein ist der Verstand.
Correctio	Korrektur eines zu schwachen Ausdrucks	Es war ein schöner, nein, ein außergewöhnlicher Morgen!
Ellipse	Auslassung; unvollständiger Satz	Elegant. Korrekt. Bequem! *(Werbung)* Sie kommen heute. Alle.
Epipher	Sätze oder Verse enden mit dem gleichen Wort	Ende gut. Alles gut.
Emphase	Hervorhebung eines Wortes oder Ausdrucks	Ich betone ausdrücklich ...
Euphemismus	Beschönigung/Untertreibung	vollschlank *statt* dick Entsorgungspark *statt* Müllkippe
Hyperbel	Übertreibung/Zuspitzung	Da war die Hölle los.
Inversion	Umstellung von geläufiger Wortstellung im Satz	Lyrische Texte mag ich sehr. (*statt:* Ich mag ...)
Ironie	benannt wird das Gegenteil dessen, was gemeint ist	Ein tolles Wetter. (*statt:* Ein Sauwetter)
Klimax	Steigerung, oft dreigliedrig	Sicher, vielseitig, super. *(Werbung)* Er kam, er sah, er siegte.
Litotes	Verneinung des Gegenteils	nicht übel (*statt:* gut)
Metapher	bildhafte Übertragung	Mauer des Schweigens
Neologismus	Wortneuschöpfung	herzblind, scheinrot
Onomatopoesie	Lautmalerei	ein Zwitschern und Tirilieren
Oxymoron	Verbindung zweier Begriffe, die sich ausschließen	beredtes Schweigen
Paradoxon	Scheinwiderspruch	Sie weinte vor Glück.
Parallelismus	identischer Aufbau von mindestens zwei Satzeinheiten	Schön ist die Liebe. Schön ist das Leben.
Personifikation	Vermenschlichung von Gegenständen oder Tieren	Frau Sonne; die Sonne lacht
Pleonasmus	Doppelausdruck; überflüssige Wiederholung	weißer Schimmel/größte Fülle
Rhetorische Frage	Scheinfrage/Frage, auf die keine Antwort erwartet wird	Ist das nicht schon schlimm genug?

Begriff	Erläuterung	Beispiel
Symbol	bildhaftes Zeichen, das für ein bestimmtes Handeln steht	Taube als Friedenszeichen, Waage als Symbol der Gerechtigkeit
Synästhesie	Vermischung verschiedener Sinneseindrücke	schreiendes Rot
Synekdoche	Teil steht für das Ganze	Er stellt seine Füße unter ihren Tisch. (Er lebt in ihrem Haus.)
Periphrase	Umschreibung eines Ausdrucks	die dritten Zähne (*gemeint* ist das Gebiss)
Vergleich	bildhafter Hinweis; stellt eine verdeutlichende Analogie her	Er ist stark wie ein Löwe.
Wiederholung	Wiederholung von Ausdrücken, die der Verstärkung dient	Er arbeitet, arbeitet und arbeitet.
Wortspiel	geistreiches Spiel mit Wörtern und Bedeutungen	Da werden Ihre Füße aber Augen machen! *(Werbung)*

Fachbegriffe zur Erschließung und Interpretation poetischer Texte

Epische Texte

Die folgenden Besonderheiten epischer Gestaltung tauchen insbesondere in Romanen, Erzählungen und Kurzgeschichten auf. Einzelne dieser Elemente finden sich allerdings auch beim Drama und in der Lyrik wieder.

Figur (der Handlung)
Diese ist in Erzähltexten erdacht, es kann z. B. ein Mensch, ein Tier, ein Fabelwesen sein. Figuren können direkt (meistens durch den auktorialen Erzähler) oder indirekt charakterisiert werden.
Elemente indirekter Charakterisierung:

- äußere Erscheinung
- berufliche und soziale Stellung
- typische Eigenschaften, Redensarten, Verhaltensweisen
- Besonderheiten der Sprache
- Verhaltensmotive, Wertvorstellungen
- Beziehungen zu anderen, Einfluss auf andere Personen

Figurenkonstellation
Gemeint sind damit Zuordnungen von Figuren (z. B. zu Gruppen) bzw. die Beziehungen der einzelnen Figuren zueinander.

Erzählerische Mittel
Motiv/Leitmotiv (stofflich-thematisches Element)
Symbol (ein Zeichen, das auf anderes verweist)
Metapher und Vergleich

Erzähler
Im Gegensatz zum Autor ist der Erzähler in epischen Texten eine fiktive Erzählerfigur, eine Art Zwischeninstanz zwischen Autor und Stoff. Standpunkte, Optik und Wertebewusstsein des Erzählers gehören zur fiktiven Welt und können nicht ohne Weiteres dem Autor zugeordnet werden. Allerdings gibt es Berührungspunkte, vor allem bei deutlich biografisch geprägten Zusammenhängen.

Standort des Erzählers
Wie bei der Kameraeinstellung im Film kann der Erzähler aus großer Ferne (Überblick), aus großer Nähe (Lupe) oder auch mit eingeschränktem Blickwinkel wahrnehmen.

Rolle des Erzählers

- **Ich-Erzähler**
  Der Ich-Erzähler ist eine Figur, die selbst ein Teil der Handlung ist; dargestellt wird, was das Erzähler-Ich erlebt (hat), was es denkt und fühlt. (Der Ich-Erzähler kann eine a) auktoriale oder b) personale Erzählhaltung einnehmen.)
- **Er-/Sie-Erzähler**
  Die handelnde und die erzählende Figur sind nicht identisch. Der Er-/Sie-Erzähler kann die folgenden Erzählhaltungen einnehmen:

  a) allwissende oder auktoriale Erzählhaltung (von lat. *auctor:* Urheber, Verfasser): Hier tritt ein Erzähler als eigenständige Figur auf; der Leser blickt mit dem Erzähler von außen auf die Figuren (Erzählereinmischungen, Kommentare, Einblick in das Innere einer Figur, Kenntnis der Vor- und Nachgeschichte; typische Erzählweisen: Erzählerbericht und Erzählerkommentare).

b) personale Erzählhaltung: Hier fehlt ein Erzähler mit eigenen Zügen; das Geschehen wird aus der Sicht einer oder mehrerer Figuren der Handlung dargestellt. Die äußere Wahrnehmung wird dadurch begrenzt, die innere allerdings erweitert. Es können Bewusstseinszustände und -prozesse, Gefühle der Perspektivfigur dargestellt werden. Typische Erzählweisen sind: innerer Monolog, Personenrede.
c) neutrale Erzählhaltung: unmittelbare Wiedergabe des Geschehens ohne Bindung an eine Person.

- **Erzählerstandpunkt**
  Hiermit wird die wertende Einstellung des Erzählers zu seinen Figuren bezeichnet (vgl. die Standpunktlosigkeit beim neutralen Erzähler; die Kommentierung beim auktorialen Erzähler). Der Erzählerstandpunkt kann zustimmender oder ablehnender Art sein; er kann Mitgefühl oder Kritik zum Ausdruck bringen, er kann eindeutig oder schwankend sein, ironisch, humorvoll, sachlich oder engagiert. Inwieweit hinter dieser Haltung die Einstellung des Autors steht, muss bei jedem einzelnen Text überprüft werden.

Darstellungsformen

- **Erzähler**
  - Bericht
  - breite szenische Darstellungsweise
  - Beschreibung
  - Kommentar
- **Personenrede**
  - Formen des Erzählerberichts, soweit sie Äußerungen einer Figur der Handlung sind
  - direkte Rede
  - indirekte Rede
  - erlebte Rede als Form der Gedankenwiedergabe
  - innerer Monolog

Zeit

- erzählte Zeit (Zeitraum, über den erzählt wird) und Erzählzeit (Lesezeit eines Textes)
- Zeitdeckung (erzählte Zeit und Erzählzeit sind annähernd gleich)
- Zeitdehnung (die Erzählzeit ist länger als die erzählte Zeit)
- Zeitraffung (die erzählte Zeit ist länger als die Erzählzeit)

Zeitstruktur und Bauform

- die Handlung wird chronologisch und kontinuierlich erzählt
- die Reihenfolge der Handlung wird umgestellt
- die Handlungsfolge wird unterbrochen; evtl. gibt es mehrere Handlungsstränge nebeneinander

Lyrische Texte

Unter den drei Gattungen fiktionaler Texte (Lyrik, Epik, Dramatik) hat die Lyrik die größte sprachliche Dichte.
Kennzeichen für Gedichte sind insbesondere:

- kunstvolle Struktur
- nicht alltägliche Äußerungsform
- Formprinzipien wie Rhythmus, Metrum, Reim, Strophik
- Sprachgebrauch, der sich in der Regel einer schnellen Verstehbarkeit entzieht
- semantische Besonderheiten wie die Bildlichkeit

Moderne Gedichte entfernen sich oft von den traditionellen Formprinzipien. Oft löst z. B. die Zeilenkomposition den Strophenbau ab.
Alle lyrischen Texte sind, im Gegensatz zu Prosatexten, in Versen bzw. Verszeilen abgefasst.

Lyrischer Sprecher (lyrisches Ich, lyrisches Wir)
Hiermit ist der Sprecher im Gedicht gemeint, aus dessen Sicht der Leser Eindrücke, Empfindungen und die Beziehung zur Wirklichkeit erfährt. Es handelt sich dabei um ein Rollen-Ich, das nicht mit der Person des Autors gleichgesetzt werden darf. Alle dargestellten Erfahrungen und Gefühle sind zunächst als dichterische Fiktion zu verstehen. Das lyrische Ich kann aber durchaus auf autobiografische Zusammenhänge verweisen. In diesem Fall muss entsprechenden textexternen Bezügen nachgegangen werden.

Vers
Alle lyrischen Texte sind in Versen bzw. Verszeilen verfasst. Anders als beim Prosatext brechen die Zeilen an einer bestimmten Stelle ab.
Beim *Zeilenstil* stimmen Satzende und Versende überein (Pause am Ende des Verses). Beim Enjambement (Zeilensprung) entsteht keine Pause am Zeilenende; der Satz überspringt das Zeilenende und geht im nächsten Vers weiter.

Strophe
Eine Strophe bezeichnet die Zusammenfassung von gleich oder ungleich langen Versen zu einer metrischen Einheit.
Traditionelle strophisch gebaute Gedichtformen sind z. B.:

- Sonett: 14-zeiliges Gedicht, das sich aus zwei Vierzeilern und zwei Dreizeilern zusammensetzt; die Quartette und Terzette sind in sich gereimt.
- Lied: meist aus mehreren gleich gebauten Strophen bestehend; häufig kurze Verse, bisweilen mit Refrain; formal flexibel: keine vorgegebene Zeilenzahl und kein vorgegebenes Versmaß.

Metrum und Rhythmus
In jeder sprachlichen Äußerung gibt es eine bestimmte Verteilung von betonten Silben (Hebungen) und unbetonten Silben (Senkungen). Die Abfolge von betonten und unbetonten Silben nennt man *Metrum*; der *Rhythmus* entsteht

durch die Spannung zwischen diesem Versschema (Metrum) und der sprachlichen Füllung. In der Alltagssprache ist die Abfolge von betonten und nicht betonten Silben nicht geregelt; in der gebundenen Sprache der Lyrik ist dagegen die Gliederung des Sprachflusses oft durch einen regelmäßig sich wiederholenden Takt festgelegt.
Eine metrisch gebundene Verszeile umfasst mehrere Takte und kann entsprechend als zwei-, drei-, vierhebig usw. gekennzeichnet werden. Bei der metrischen Kennzeichnung sprachlicher Äußerungen orientiert man sich an den griechischen Bezeichnungen. Man spricht von *Versfuß* oder *Versmaß* als taktmäßiger Struktur eines Gedichts:

- Jambus (steigendes Metrum): xx́ (Beispiele: Gedicht, Verbot, bereit)
- Trochäus (fallendes Metrum): x́x (Beispiele: Vater, Dichter, oben)
- Anapäst (steigendes Metrum): xxx́ (Beispiele: Paradies, Anapäst, Malerei)
- Daktylus (fallendes Metrum): x́xx (Beispiele: Liebesleid, Eifersucht, Königin, Daktylus)

Interessant ist bei einem metrisch gebundenen Gedicht die *Wechselbeziehung zwischen metrischem Schema und natürlichem Sprachrhythmus*. Erst der Rhythmus macht durch Betonung, Sprechtempo und Sprechpausen aus der taktmäßigen Gliederung ein Ausdrucksmittel, wobei das metrische Schema nicht selten überlagert wird.

Besondere Beachtung verdient das Verszeilenende (Kadenz). Verszeilen, die betont (mit einer Hebung) enden, werden stumpf (auch *männliche Kadenz*) genannt; die *weibliche Kadenz* (klingend) ist zweisilbig und endet auf einer Folge von Hebung und Senkung.
Ein *freier Rhythmus*, der auf metrische Bindungen verzichtet, kann im Zusammenhang des Textes besonders ausdrucksstark und dynamisch wirken.

- Unter Laut- und Klangsymbolik versteht man die subjektiv empfundene Verbindung von Klangfarben und Bedeutungsinhalten, z. B. i als Ausdruck für Helligkeit, Freude; u als Ausdruck für Dunkelheit/Trauer.

Sprachliche Bilder und Stilfiguren
Bildlichkeit ist ein wesentliches Kennzeichen dichterisch-poetischer Ausdrucksweise. Sie zeigt insbesondere die Mehrdeutigkeit poetischer Sprache. Bei sprachlichen Bildern geht es vor allem darum, die Vorstellungen beim Leser/Hörer zu intensivieren.
Man unterscheidet u. a. folgende sprachliche Bilder:

- Vergleich (z. B.: Ein Herz wie Stein)
- Metapher (z. B.: Das Gold ihrer Haare)
- Personifikation (z. B.: Frau Sonne, Vater Rhein)

Rhetorische Figuren
Rhetorische Figuren (s. S. 88 f.) finden sich nicht nur in lyrischen Texten, sondern z. B. auch in Reden oder in Werbetexten.

Dramatische Texte

Figuren
Vom Autor geschaffene Personen; diese sind im Drama auf Ausgestaltung und Verkörperung durch einen Schauspieler (Mimik, Gestik, Kostüm, Aussehen) angelegt.
Mögliche Fragestellungen:

- Entwickelt sich die Figur im Verlauf der Dramenszene/des Dramas?
- Ist sie vielschichtig, komplex, widersprüchlich, mehrdeutig oder in typisierter Form gestaltet?
- Wie ist die Figur charakterisiert: Was sagt sie? Wie sagt sie es?

Figurenkonstellation
Bezeichnung für die Beziehung zwischen den einzelnen Figuren; mögliche Fragestellungen:

- Wer ist die Hauptfigur, wer ist/sind die Nebenfigur/en?
- Wer ist der Held (Protagonist), wer ist der Gegenspieler (Antagonist)?
- Welche soziale Rolle spielen die Figuren jeweils?
- Worin sind sich die Figuren ähnlich, worin unterscheiden sie sich?
- Wie sind die Einstellungen, Interessen, Absichten und Erwartungen der Figuren?

Dialog
Der Dialog bewirkt den Handlungsfortgang; im Dialog werden die Konflikte aufgebaut und die Figuren als Personen charakterisiert. Im Dialog handeln die Personen sprachlich, indem sie fragen, antworten, bitten, befehlen, bezweifeln, warnen, verschweigen, ermuntern, verheimlichen, verlangen. Mögliche Fragestellungen:

- Welche Beweggründe haben die Redenden, welche Interessen verfolgen sie?
- In welcher Gesprächssituation (Ort/Zeit) befinden sich die Redenden?
- Wie ist die Beziehung zwischen den Redenden? (komplementär/symmetrisch; gelungener/misslungener Dialog; aktives/passives Gesprächsverhalten)
- Welche sprachlichen Eigentümlichkeiten im Redestil fallen auf? (Dialekt? Alltagssprache? Ausdrucksschwierigkeiten? ...)
- Welche Einstellungen und Ansichten zeigen die Personen im Gespräch? (Menschenbild, Wirklichkeitsverständnis, Moralvorstellungen)

Monolog
Selbstgespräch, in dem sich die Figur aus den Beziehungen zu anderen Figuren löst und für sich und mit sich selbst spricht und dabei individuelle Gefühle und Einstellungen preisgibt.

Handlung und Konflikt

Hier muss unterschieden werden zwischen

- dem **geschlossenen (traditionellen), symmetrisch gefügten Drama**; dabei orientiert sich der Handlungsaufbau, in dem es in der Regel einen zentralen Konflikt gibt, an einer strengen pyramidalen Form mit dichter Handlungsverknüpfung und den strengen Kunstformen des Dialogs und Monologs,
- und dem **offenen Drama**, in dem es oft verschiedene Handlungsstränge und eine Vielfalt von Szenen und unterschiedlichen Ausdruckssystemen mit sozialen und regionalen Färbungen der Sprache, körpersprachlichen Formen und einer Auflösung der strengen Dialog- und Monologformen gibt.

Zeit

Hier sind zwei Bedeutungsebenen zu unterscheiden:

- chronologische Gesichtspunkte, z. B. Verhältnis von realer Spielzeit und fiktiv gespielter Zeit, Vorausdeutungen, Rückgriffe,
- Grundkategorien wie Tag, Nacht, Jahreszeit, Lebensalter, historische Zeit/Epoche.

Raum

Die Gestaltung des Raumes bildet für die Figuren und ihre Schauspieler das Aktionsfeld. Zusätzlich gibt es eine Raumkonzeption, die, bedingt durch die Darstellungsabsicht, einen Welt- und Wirklichkeitszusammenhang verdeutlicht. So kann der Raum auch zu einem symbolhaft erfahrbaren Raum werden. Dem geschlossenen Drama mit einer Begrenzung von Raum, Zeit und Handlung steht das offene Drama mit einer möglicherweise großen Zahl von Orten, Zeitpunkten, Handlungselementen gegenüber.

Fachbegriffe und Leitfragen zur Analyse von Sachtexten

Die folgenden Fachbegriffe und Leitfragen sind als allgemeine Kriterien zu verstehen, die auf alle Sachtexte zutreffen können. Bei der Analyse eines bestimmten Sachtextes kommt daher jeweils nur ein bestimmter Teil der Fachbegriffe/Leitfragen infrage.

Arten von Sachtexten

- Kontinuierliche Texte
  - Informierende, darstellende Texte
  - Ausdruckstexte: Es geht um persönliche Eindrücke, Gefühle, Überzeugungen.
  - Kommentierende und argumentierende Texte: Es geht um gedankliche Auseinandersetzung.
  - Argumentative Texte: Sie fordern zu einem bestimmten Verhalten auf.
  - Normierende Texte: Sie sollen den Leser zum Einhalten von Regeln veranlassen.
- Diskontinuierliche Texte
  Statistik, Diagramm, Schaubild, Schemazeichnung, Formular, Anzeige, Fahrplan, Bild/Grafik

Fachbegriffe und Leitfragen

I. Produktion

1. Herkunft des Textes:
Wer hat den Text geschrieben? Wo ist er zu finden? In welcher Zeit, zu welchem Anlass und unter welchen Umständen ist er entstanden oder verbreitet worden?

2. Absicht des Autors:
Welchen Zweck verfolgt der Verfasser? Wird das Ziel ausdrücklich formuliert? Erscheint es nur zwischen den Zeilen? Stimmt die ausdrücklich genannte Intention mit der unausgesprochenen überein?

3. Bestimmung der Textsorte:
Handelt es sich um einen informierenden, kommentierenden, appellativen oder normativen Text? Welche Textsorte innerhalb der genannten Abgrenzungen liegt vor? Welche inhaltlichen, sprachlich-stilistischen und formalen Kennzeichen deuten darauf hin?

II. Inhalt

4. Erfassung des Themas:
Welcher Sachverhalt oder welches Problem wird behandelt? Kommt das Thema im Titel oder Untertitel in vollem Umfang zum Ausdruck? An welcher Stelle im Text wird es genau formuliert?

5. Untersuchung des Aufbaus:
In welche übergreifenden Abschnitte lässt sich der Text gliedern? Wie wird der Sachverhalt strukturiert? Wie verläuft die Gedankenfolge? Welche Überschriften eignen sich für die einzelnen Teile? Lässt sich der Aufbau in einer schematischen Skizze verdeutlichen?

6. Beschreibung des Verfahrens:
Gibt der Verfasser Tatsachen wieder, stellt er Thesen auf oder formuliert er Fragen? Enthält der Text Wertungen?
Welche Argumente bringt der Verfasser zur Erhärtung seiner Aussagen? Aus welchen Bereichen stammen seine Beispiele? Wo werden Zitate eingebaut?

Geht der Autor deduktiv oder induktiv vor? Ist der Text dialektisch entworfen?

III. Form (Sprache und Stil)

7. Semantischer Bereich:
Welchen Wortschatz wählt der Verfasser? Achten Sie vor allem auf die Verwendung von Fach- und Fremdwörtern, auf das Vorherrschen bestimmter Wortarten und auf die Wahl der Personalpronomina.

8. Syntaktischer Bereich:
Welcher Satzbau wird bevorzugt? Achten Sie besonders auf die Häufigkeit von Aussage-, Frage- unc Ausrufesätzen, auf das Vorkommen hypotaktischer und parataktischer Konstruktionen.

9. Rhetorisch-poetischer Bereich:
Welche rhetorischen oder poetischen Mittel verwendet der Autor? Achten Sie auf rhetorische Figuren bzw. Tropen sowie Vergleiche, Metaphern, Bilder usw.

10. Zusammenfassung:
Wie lässt sich der Stil insgesamt beschreiben? Welche Funktion erfüllen die genannten sprachlichen und stilistischen Mittel im Textganzen? Achten Sie auf die Sprachschicht, die Verständlichkeit, die Gesamtcharakteristik (Idiolekt).

IV. Rezeption

11. Wahl des Mediums:
Stammt der Text aus einem Buch, einer Zeitschrift, einer Zeitung (Abonnement- oder Boulevardblatt)? Wurde er ursprünglich optisch oder/und akustisch vermittelt? Handelt es sich um ein Medium der individuellen oder der Massenkommunikation?

12. Wirkung des Textes:
Wendet sich der Autor an den Verstand oder an das Empfinden, an die Einsicht oder das Gewissen? Will er auf die Triebsphäre wirken und unbewusste Wünsche oder Vorstellungen wecken? Soll der Leser/Hörer zum Handeln veranlasst werden?
Stimmt die Wirkung mit der Absicht des Autors überein?

13. Bestimmung des Adressatenkreises:
An welches Publikum wendet sich der Autor aufgrund von Inhalt, Form und Sprache? Spricht er mehr ein Individuum, eine Gruppe oder ein massenhaftes Publikum an? Ist die angesprochene Zielgruppe identisch mit der tatsächlich erreichten?

V. Übergeordnete Gesichtspunkte

14. Einordnung des Textes:
Welchen Stellenwert hat der Text im Publikationszusammenhang, im Werk des Verfassers, in Bezug auf eine bestimmte Problematik oder Textsorte? Lässt er sich einer geistigen Strömung oder Epoche zuordnen? Kennen Sie ähnliche oder entgegengesetzte Texte, Standpunkte, Wirkungen?

15. Stellungnahme zum Text:
Erfüllt der Text seinen Zweck? Entspricht er den Erwartungen der angesprochenen Leser/Hörer? Wie ist er nach logischen, ethischen und ästhetischen Gesichtspunkten zu beurteilen? Wie lassen sich kontroverse Einstellungen begründen? Kann man das Problem durch ein Für oder Wider entscheiden? Ist eine weitere Differenzierung (Berücksichtigung bestimmter Voraussetzungen) notwendig? Wie lautet Ihr persönliches Urteil?

Textquellenverzeichnis

Brecht, Bertolt: Fragen eines lesenden Arbeiters. 84
Aus: Ders.: Gesammelte Gedichte, Bd. 2, Suhrkamp Verlag, Frankfurt am Main 1967

Brecht, Bertolt: Wenn die Haifische Menschen wären. 10
Aus: Ders.: Gesammelte Werke, Suhrkamp Verlag, Frankfurt am Main 1967

Büchner, Georg: Dantons Tod. 67
Aus: Ders.: Dantons Tod, Schöningh Verlag, Paderborn 2007

Einzmann, Nadja: An einem Abend und fremd. 59
Aus: Dies.: Da kann ich nicht nein sagen, Geschichten von der Liebe, Fischer Verlag, Frankfurt am Main 2001

Enzensberger, Hans Magnus. 21
Aus: Metzler Autoren Lexikon, Hrg. Bernd Lutz, Metzler Verlag, Stuttgart, Weimar 1994

Enzensberger, Hans Magnus: ins lesebuch für die oberstufe. 12
Aus: Ders.: Verteidigung der Wölfe, Suhrkamp Verlag, Frankfurt am Main 1957

Enzensberger, Hans Magnus: konjunktur. 16
Aus: Ders.: Verteidigung der Wölfe, Suhrkamp Verlag, Frankfurt am Main 1957

Frisch, Max: Tagebuch. 45
Aus: Ders.: Tagebuch 1946 – 1949, Suhrkamp Verlag, Frankfurt am Main 1991

Heidenreich, Elke: Die Kunst zu lesen ... ein Stück Lebenskunst* 44
Aus: Kursbuch 133, Rowohlt Verlag, Berlin 1998

Heym, Georg: Die Stadt. 70
Aus: Ders.: Das lyrische Werk, München 1977

„Ich denke, dass Auszubildende ...“ 58
Aus: Hilda Steinkamp/ Egon Werlich: Deutsch Wissen, Schreiblexikon für die Oberstufe, Texte schreiben von A bis Z, Schöningh Verlag, Paderborn 2009

Kafka, Franz: Der plötzliche Spaziergang. 7
Aus: Ders.: Gesammelte Werke, hg. von Max Brod, S. Fischer Verlag, Frankfurt am Main 1967

Kafka, Franz: Gib's auf. 52
Aus: Ders.: Gesammelte Werke, hg. von Max Brod, S. Fischer Verlag, Frankfurt am Main 1967

Krolow, Karl: Robinson I. 78
Aus: Ders.: Gesammelte Gedichte, Suhrkamp Verlag, Frankfurt am Main 1965

„Meiner Meinung nach ...“ 15
Aus: Hilda Steinkamp/Egon Werlich: Deutsch Wissen, Schreiblexikon für die Oberstufe, Texte schreiben von A bis Z, Schöningh Verlag, Paderborn 2009

Merkel, Angela: Statement nach dem Besuch der KZ-Gedenkstätte Buchenwald, zusammen mit dem amerikanischen Präsidenten Barack Obama (5.6.2009). 25
Aus: www.buchenwald.de [15.9.2010]

Nicolai, Emil: Straßenbild. 70
Aus: Deutsche Großstadtlyrik vom Naturalismus bis zur Gegenwart, Hrg. Wolfgang Rothe, Reclam, Stuttgart 1973

Reinig, Christa: Robinson. 78
Aus: Dies.: Eremiten-Presse, Düsseldorf 1984

Rilke, Rainer Maria: Herbst. 11
Aus: Ders.: Sämtliche Werke, Hrg. E. Zinn, Insel Verlag, Frankfurt am Main 1955

Stoll, Clifford: Log out. 39
Warum Computer im Klassenzimmer nichts zu suchen haben und andere High-Tech-Ketzereien, Fischer Taschenbuch Verlag, Frankfurt/M. 2001

„Von Kafka ist bekannt ...“ 57
Aus: Hilda Steinkamp/Egon Werlich: Deutsch Wissen, Schreiblexikon für die Oberstufe, Texte schreiben von A bis Z, Schöningh Verlag, Paderborn 2009

Watzlawick, Paul u. a.: Symmetrische und komplementäre Kommunikation. 5
Aus: Ders.: Menschliche Kommunikation. Formen, Störungen, Paradoxien, 4. Aufl., Hans Huber Verlag, Bern, Stuttgart, Wien 1974

Widmer, Urs: Top Dogs. 61 ff.
Aus: Ders.: Top Dogs, Verlag der Autoren, 9. Aufl., Frankfurt am Main 2005

* Überschrift vom Herausgeber